剣道「先師からの伝言」

上巻

矢野博志

近代剣道の祖高野佐三郎範士から大野操一郎範士九段を経て
矢野博志範士（国士舘大学名誉教授）へ伝承された日本剣道の真髄。
60年の長きにわたって修行を続ける矢野範士が、
先師から習得した心技体をあきらかにし、その貴重な伝言をいま語り継ぐ。

剣道「先師からの伝言」上巻　目次

下巻目次

原理原則を求めた
国士舘大学剣道部長
大野操一郎先生

刃筋正しく打つ

高野佐三郎先生は下級生には刃筋正しく打たせ続けた

国士舘大学剣道部長をつとめた大野操一郎先生には、大学に入学した昭和三十四年から先生がお亡くなりになるまでご指導を受けることになりました。

大野先生は戦後、国士舘が新制大学として体育学部を設置するにあたり、指導者として招かれました。大野先生は筑波大学の前身である東京高等師範学校の卒業、戦前は旧制八代中学校、巣鴨中学校で教鞭をとり、剣道の指導にあたり、数々の名選手を育てています。

大野先生と出会うきっかけをつくってくださったのは相良高校の恩師高井利雄先生です。高井先生は国士舘専門学校を卒業されており、「剣道を本気でやるなら国士舘だな」との一言で、国士舘を紹介してくださいました。教育熱心だったわたしの父が、高井先生とともに上京し、国士舘に出かけていきました。大野先生をはじめ、斎村五郎先生（範士十段・高井先生の恩師）、国士舘の柴田徳次郎舘長と面会し、その偉大な先生方にすっかり感銘を受け、「お前は国士舘に行け」と強くすすめられました。

入学以来、三十年以上にわたりご指導をいただくことになりますが、大野先生は東京高等師範学校で指導を受けた高野佐三郎先生の教えを忠実に守っておられました。もちろん学生の頃はそのようなことはまったく気がつくはずもありませんが、卒業後、カバン持ちとしてどこへ行くにもご一緒させていただき、そのことを強く感じ、亡くなられて二十年が経とうとしていますが、「なるほど」と気がつくことがあります。

「高野佐三郎先生はどのような先生だったのでしょうか」

あるとき、大野先生にお尋ねしてみました。高等師範学校に入学した当初、大野先生が高野先生に稽古をお願いすると思いのほか高野先生を打つことができたそうです。それは京都武徳殿で見た高野先生の剣遣いとはまったく違ったものでした。

「高野先生は本当に強いのだろうか」と不思議に思ったそうですが、上級生の三年生、四年生が高野先生に稽古をお願いすると一本も打てません。自分よりはるかに強い先輩方がまったく歯が立たないのです。

「一年生は、技が自己流で正しい打突ができていない。だから正しい刃筋で正しい打突ができるようになるまで、打たせる稽古をさせる」

高野先生は後年、上級生になった大野先生が質問すると、そう答えたそうです。大野先生からは「大きく打て。刃筋正しく打て」と常に教えられてきましたが、根底には高野先生の指導方針がありました。

大野先生は「竹刀を刀の観念で使うこと」を大事にされていました。竹刀と木刀、刀はそれぞれ構造が違いますので、実際には使い方に違いはありますが、正しい刀法で竹刀を使うことを求めました。わたしもそうです。

わたしは「竹刀の鎬の使い方をよくよく勉強すること」を強調しています。鎬とは刀の棟と刃の境界線をなす線のことです。当然、鎬は刃部よりも厚みがあり、その厚みがあるからこそ、切り込んできた相手の刀に応じて切り返せるわけです。

竹刀には刃がないから刀とはまったく別物と考えてしまっては、剣道が成立しません。ご承知のように竹刀の弦のあるほうが峯、その反対側が刃部です。鎬は四つわりの竹の左右二枚の部分です。この鎬を使って相手の技をすり上げる、返す、打ち落とすことができれば、相手の技をさばき、瞬時に反撃できます。竹刀であっ

高野佐三郎（たかの・ささぶろう）

文久２年日生まれ。祖父高野佐吉郎、山岡鉄舟にまなぶ。明治32年東京に剣道場明信館 , ついで修道学院をひらく。警視庁、東京高等師範学校、早稲田大学で教え、剣道の指導者養成、剣道形の制定・普及など近代剣道の完成につくした。昭和25年12月31日死去。88歳。埼玉県秩父郡出身。著作に『剣道』。

ても刀、刃筋正しく打つことが剣道です。

　高野先生は、近代剣道の祖と呼ばれ、『剣道』という大著を完成させ、教育剣道を確立された方です。ただ強いだけではなく、剣道を教育にどう取り入れるかを考えた方でした。

　高野先生は、四年生には上段を教えたそうです。学生たちは卒業後、指導者となります。指導者として上段を教える技術も身につけておかなければなりませんが、むしろ仕上げとして片手でも刃筋正しく打てることを学ばせていたのではないかと愚考しています。

基本の上に応用がある

基本を忠実に行ない、基本こそ手を抜いてはいけない

　昭和三十四年、四期生として国士舘大学に入学しましたが、同期は入学時わずか五十名ほどでした。一期生十七名、二期生十四名、三期生二十五名で常時五十名から六十名が稽古していたので、大野先生から直接ご指導をいただける機会が多くありました。

　入学当時の国士舘大学の道場は、間口二十七間から三十間、奥行七間ほどの長方形の建物でした。上座中央部に大野先生、斎村先生を中心に左右に先生方が分かれて着座され、対面する形で前列に四年、三年、二年生の上級生、後列に一年生が並びました。

　面を着けての稽古は上級生が元立ちをつとめましたが、その前に必ず行なっていたのが基本動作です。朝稽古は大野先生の指導のもと「イチ、ニ、サン」と号令をかけ、前後左右の送り足、斜めにさばく開き足などをかなりの時間をかけて行なっていました。その間、大野先生は我々が正しく構えているか、左足の引きつけが素早くできているか、撞木足になっていなか、左足の踵が床についていないかなどを確認していました。腰始動で行ない、上体がふらつくと注意されました。

　素振りははじめに三挙動で行ない、正しい軌道で竹刀を振ること求められました。昨今、三挙動で行なっている姿を見なくなりましたが、「イチ」の号令で竹刀を振り上げ、「ニ」で竹刀を振り下ろし、「サン」で中段の構えに戻ります。

　三挙動の素振りは竹刀の方向、握り、刃筋、左足の引きつけ、手首の使い方、手の内の要領、腕の高さ、拳の高さなど打突の重要項目をすべて確認することができます。

　ここから上下振り、斜め振りなどを行ないましたが、これらの素振りで面・小手・胴・突きの要領をすべて学ぶことができていたのです。

昭和30年代の国士舘大学旧剣道場

当時は十八歳の学生でしたので、恥ずかしながら素振りは準備運動程度にしか思っていませんでした。しかし学年を重ねるごと、卒業して年齢を重ねるごとに素振りの重要性を認識しています。

とくに国士舘の学生は卒業後、指導者になります。指導者として恥ずかしくない剣道を身につけるには、剣道の重要な項目を細かく、丁寧に教えていくことを大野先生は意識されていたのだと思います。

切り返しも大野先生から厳しくご指導をいただきました。切り返しは太刀筋が重要で、「大強速軽」の教えのように大きく、強く、速く、軽やかに行なうことが重要です。

切り返しの目的は、各種文献に紹介されていますが、おおむね左記です。

・太刀筋を習得する。
・心肺機能及び筋力を鍛える。
・正しい姿勢を習得する。
・正しい間合を習得する。
・気剣体一致の打ち方を習得する。
・左右の腕の均整をとる。

剣道は正しい構えから、正しい刀法で気剣体一致を教え、そこから心気力一致を覚えさせていくことが重要ですが、常に正確に行なうことを学生に求めていました。

国士舘に入学した学生が、稽古を積んでいくと「国士舘の剣道になったね」と評価されることがあります。褒め言葉としてたいへん嬉しく思うのですが、大野先生をはじめわたしも鋳型にはめようと考えたことは一度もありません。しかし、基本に忠実な剣道を身につけさるために、朝稽古から打ち込み、切り返し、掛かり稽古を充分にさせることで、その結果として同じような剣道になっていくのです。

指導者は手本を見せる
面は剣道の根幹だが、その他の技もしっかりと学ばせる

大野先生は技が多彩でした。仕かけ技はもちろんのこと、すり上げ技、返し技、打ち落とし技などの応じ技を実に巧みに遣われました。そして技の説明をする際、必ず示範しました。これは教育者としてたいへん大切なことだと思い、今日、わたしも実践するようにしています。手本を示すことをせず、「はい、やってみましょう」では教わるほうはイメージできません。

剣道は面、小手、胴、突きと四つの打突部位があります。指導者は、これらの打突部位を正確に打てなければなりません。教わる側も最初はあらゆる技を体験し、より多くの技を身につけることが大切です。昨今、「面さえ打てればよし」と考える傾向がありますが、あらゆる技を身につけることで剣道の幅が広がります。

打突部位は面だけでなく、小手、胴、突きがあります。会心の面を打つことを課題とすることは大事ですが、面だけ打てば良いというものではありません。

審査で「胴は打つな」と教えることがありますが、胴はよほど覚悟して打突を引き出して打たないと崩れやすいということです。相手を充分に引き出して打った胴はとても見栄えがします。

技を身につけるには下位の者と稽古することです。とくに体力に劣る子供と稽古をするときは、それを心がけることをすすめます。体力にまかせて打つことはできますが、それでは子供たちの稽古になりません。

しっかりと構え合い、出ようとしたところ打ち、出てきたところをすり上げたり、返したりして対応します。わかりやすく言えば子供が「はっとするところ」「まいった」と思うところを打つことです。相手を生かして自分も生かす。それが上位者の役割です。相手のいちばんいい状態で稽古をするのが先生、子供の芽を摘むような稽古は指導とは言えません。とくに子供を育てるには正しく打たせること、正しい間合から打たせることです。

正しく打たせたり、人前で手本を示したりするということは、実は指導者にとって大きな勉強の機会になります。間違ったこと

を教えてはいけませんので、日頃から自分が正しく構えているか、正しく打てているかなどを確認するようになります。

剣道の理念に「剣道は剣の理法の修錬による人間形成の道である」とあります。理法には心法、刀法、身法がありますが、これを道場で修行することで人間が磨かれる。磨くのですよ、と理念が教えているのだと思います。

「我々は学ぶのをやめたとき、教えるのをやめなければならない」と高名なサッカー指導者が名言を残していますが、大野先生

剣道指導は手本を示すこと。面、小手、胴、突き、すべて正確に打つことが大切だ

は亡くなるまで修行者でした。

講談社の野間道場にはみずから防具を担いで、全日本剣道連盟の合同稽古にも足を運んでいました。大野先生は強い剣道部を作ることに奮闘され、学内の稽古にこだわらず、我々にたくさんの人と稽古をすることを推奨されました。

東京高等師範学校卒業の中野八十二先生が指導されていた東京教育大学や慶應義塾大学、渡辺敏雄先生が指導されていた早稲田大学によく足を運びました。

学生時代は土曜日、日曜日は稽古が休みでしたので大野先生とともに早朝より野間道場に行き、これを終えると皇宮警察の済寧館道場に行き、二部稽古を続けていました。稽古を終え、防具を担いで最寄駅にたどり着くと、疲れはピークに達し、その場で寝込んでしまいたいと思うこともありました。

現在、出稽古は諸事情で車での移動が主流になりましたが、このような経験がわたしの血肉になっていることは言うまでもありません。

大野先生の教育論
「すべての学生にわけへだてなく水をやり、花を咲かせなさい」

わたしは縁あって大学卒業後、昭和三十八年四月、国士舘大学体育学部助手として母校に勤務するようになりました。

「矢野、これから国士舘の剣道部員はどんどん増えていく。いまから言う俺の言うことを守れ」とおっしゃりました。

改まってなにかなと思っていると、

「部員がどんなに増えてもわけへだてなく水をやり、全員に花を咲かせなさい。花の形には大きい、小さい、色の違いがあるかもしれない。でも国士舘に来た生徒には必ず花を咲かせなさい」と続けました。

わたしは大野先生のこの一言で腹をくくりました。生涯をかけて国士舘を日本一の剣道部にする、と心に誓いました。

わたしは大野先生の教えを応用し、「手のひらに乗る学生だけを育ててはいけない」と肝に銘じました。自分の好みだけで指導に偏りがあってはいけない。指をしっかりとつけ、どの学生も落としてはいけないと思ったものです。事実、将来性のある学生や気骨がある学生は一歩間違うと脱落しがちです。そのような学生をフォローし、指導してきたつもりです。学生がくじけそうになったとき、落ちこぼれそうになったときに奮起させるのが大切ではないでしょうか。

大野先生からは指導上、何度も叱責されたことがあります。しかし、翌日になると絶対にそのことをさらに咎めたりしませんでした。なにごともなかったように「おはよう」とあの明るい声で師範室に入ってこられました。

大野先生のもとで剣道部監督として修行させていただいた日々は、常に先生のカバン持ち的存在で、我が子同然に目をかけていただきました。どこへ行くにも、「うちの矢野だ」と紹介、引き立てていただき、今日のわたしがあります。

あの明るい前向きなお人柄が、大野先生の剣道を作られたと思うのですが、「国士舘は剣道を勉強するところ」と断言していたことを昨日のことのように思い出します。

大野操一郎（おおの・そういちろう）

明治34年、島根県に生まれる。大正６年松江中学校に入学し、芦田長一師範に剣道の手ほどきを受ける。大正11年４月、東京高等師範学校に入学、高野佐三郎らに学んだ。大正15年３月卒業後、熊本県八代中学校、東京都巣鴨中学校などで教員をつとめ、巣鴨の剣道黄金期を築く。昭和31年４月、国士舘短期大学（体育科）教授、33年より国士舘大学体育学部教授、同剣道部長として３千人を超える教え子を送り出す。平成７年４月23日逝去。享年94歳。剣道範士九段。写真は国士舘赴任当時のもの。

剣道は大技である
大技が打てれば
小技は自然と身につく

内藤高治先生の「よし、まいった」
剣道の基本は遠い間合から大きく正確に打ち込むこと

わたしの師匠大野操一郎先生は故郷が島根県です。大正六年松江中学校に入学し、芦田長一先生に剣道の手ほどきを受けました。余談ですが、芦田先生のご子息は俳優の芦田伸介さんです。芦田先生は大日本武徳会武術教員養成所で学び、内藤高治先生の教えを受けました。内藤先生はいま「水戸大会」を主催して有名な水戸東武館の出身、警視庁撃剣世話掛をつとめていた折、「ミチノタメキタレ」という電報を受け取り、大日本武徳会に招かれました。大野先生が中学生のとき、その内藤先生が島根に招かれたことがあったそうです。県下大会の数日前に内藤先生を島根にお招きし、稽古会が催されたそうですが、このとき、中学一年生だっ

内藤高治（ないとう・たかはる）
文久２年（1862）、水戸藩藩士市毛家の六男として生まれる。父は水戸藩弓術師範、母北辰一刀流剣術師範の娘。明治２年から漢籍、水練、剣術を学び、12歳で小澤寅吉の水戸東武館道場に入門した。20歳で親戚の内藤家の養子となり、明治16年に上京、榊原鍵吉の門を訪れ修業、その後、関東、甲信越、中部、関西一円を武者修行、明治21年警視庁巡査となり、牛込署撃剣世話掛となる。明治32年、大日本武徳会剣術教授となり、武術教員養成所の教授をつとめ持田盛二らを育てた。明治44年、大日本帝国剣道形制定の主査をつとめる。昭和４年４月９日逝去、68歳。剣道範士。

持田盛二（もちだ・もりじ）
明治18年、群馬県に生まれる。明治31年郷里高等小学校卒業後、父善作について剣道を修業し、かたわら谷晃覧の私塾において漢学を学ぶ。明治35年より40年まで武徳会群馬支部において剣道を習う。40年３月武徳会群馬支部の推薦により武術教員養成所に入り、41年卒業、42年武徳会本部剣道科助手、44年武術専門学校剣道助教授となる。大正８年千葉県武徳会支部剣道主任教師嘱託、大正12年東京高等師範学校剣道科講師嘱託、14年朝鮮総督府刑務局剣道師範。昭和４年５月の天覧試合指定選士の部優勝。以降、警視庁、講談社野間道場、皇宮警察部、慶應義塾大学、学習院、第一高等学校などの剣道師範をつとめる。昭和49年２月９日、逝去。89歳。剣道範士十段。

た大野先生が内藤先生に稽古をお願いしたそうです。大野先生は無我夢中に内藤先生に懸かり、何本も面を打ったそうですがいつまでたっても内藤先生は「まだまだ」と繰り返しました。そして疲れてへとへとになったところで、遠間から大きく振りかぶって面を打ちました。すると内藤先生は「よし、まいった」と言い、稽古を終えられたそうです。

「技は遠い間合から大きく打ち込むことが基本。小さい技はだめ」と大野先生は、子供ながらに実感したそうですが、内藤先生の「よし、まいった」の一言が指導の根幹になっているとおっしゃっていました。

国士舘では現在も打ち込み、切り返しを欠かすことがありません。これは大野先生の指導方針の踏襲です。

「高校生、中学生は試合に勝つことばかりを求め、小さく打つことに執着しているが、それでは大成しない。大きな技を身につけさせれば、自然に小さな技は打つことができる。それが剣道だ」と師範室であの大きな声で強調されていたことを昨日のことのように思い出します。

大野先生は「芦田長一先生に剣道の基本を学び、東京高等師範学校で高野佐三郎先生に技の指導を受け、講談社で持田盛二先生に仕上げをしていただいた」とおっしゃっていました。

松江中学校時代、芦田先生の手ほどきのもと大野先生は三段を取得されていたそうです。剣道三段で東京高等師範学校に入学したのですが、高師では一度、段位は白紙とし、昇級審査から受けることがならわしでした。一級となった大野先生はまた一から修行に取り組まれたわけですが、高野先生は一年生には正しい刃筋を覚えさせるためにひたすら面を受けました。そこで身体に覚えたのも遠間から打ち込んでいく大技でした。

高師卒業後、大野先生は八代中学校を経て東京の巣鴨学園に赴任します。巣鴨学園で天才森寅雄らを育てたのですが、ご自身の修行は野間道場で持田盛二先生にご指導を受けることになりました。持田先生に対し、大野先生はあのめぐまれた体躯で足がらみや体当たりも試みたそうですが、ふわりとかわされ、反対に鍔ぜり合いから転ばされることもあったそうです。

「持田先生は形の間合、心の間合にたけていて一本も当たらなかった」と大野先生はよくおっしゃっていましたが、持田先生のことは晩年しか存じ上げないわたしでしたが、確かに自在な足遣いでした。

遠い間合から一歩攻める
肩・肘・手首を連動させて大きく振りかぶって打つ

剣道は「手で打つな足で打て、足で打つな腰で打て」といわれていますが、小手先の技は実戦で使うと必ず失敗します。みなさんも経験があると思いますが、攻められているといちばん近い距離にある小手を思わず打ってしまいたくなるものです。気持ちの焦りがそうさせているのですが、そのような状態で打った技は、有効打突につながらないのはもちろんですが、すり上げられたり、返されたりしてしまうものです。

現在、基本稽古で学生を指導するとき、一般の方を指導するときに必ず伝えているのは遠い間合で構えることです。「構えが正しくなければ正しい技はだせない」ということがわたしの持論なのですが、自分自身が描く最高の構えを執ることを強調しています。蹲踞から立ち上がったとき、そう伝えると背筋が伸び、とてもよい構えになります。

基本の面打ちではこの構えから一歩間合を詰め、正しい構えから大きく振りかぶって面を打ちます。試してみるとよく理解できると思いますが、足が止まった状態からいきなり技を出そうとするとどうしても動きがぎこちなくなります。左足が右足を追い越して打ってしまうこともありますが、これでは正しい打ちが出せません。遠間から打ち間に入ったところで竹刀を振りかぶり、肩・肘・手首を十分に使って打ちます。

わたしが国士舘大学に入学したとき、大野先生は太鼓の撥を握り、みずから号令をかけていました。切り返しや打ち込みを行なう前に、肩と肘と手首を使うことを必ず強調されていました。

肩・肘・手首を連動させて大きく振りかぶって打つ

大野先生は打ち込みや切り返しなど行なう前に必ずポイントを端的におっしゃっていました。ポイントを端的に伝えることで教わる方は、そこを意識して取り組むことができます。

剣道の稽古は素振り、打ち込み、切り返し、掛かり稽古、地稽古など、どこの団体も言葉で表現すればほぼ同様の内容を行なっているはずです。ありがたいことに国士舘は剣道指導者を養成する学校として評価をいただいておりますが、稽古内容は素振り、打ち込み、切り返し、掛かり稽古、追い込み稽古といたってシンプルです。しかし、大野先生が必ず稽古前にポイントを伝えていたように、わたしが指揮をとるようになってからも、その教えを実行していました。わずか数秒ですが、これが指導者の役割であり、上達のポイントではないかと考えています。そして指導者は必ず手本を示せることです。

大技の面を正しい軌道で正しく打つためには、左足にしっかりと体重を乗せておくことです。構えた状態のまま竹刀を振りかぶり、腕の間から相手が見えるくらいのところで竹刀を振り下ろします。打った瞬間は右手が相手の喉の高さ、左手はみぞおちの高さといわれていますが、この教本通りの打ちを正しい軌道で、正しく打てるようにすることが大切です。正しい構え、といっても自分の打ちやすい足幅、手の握りなどは自得するしかありませんので、基本稽古の折に工夫・研究して身につけてください。

試合の心得
負けても正々堂々。自分の信じた技で勝負をすること

大野先生は「大会に出る以上は勝たないといけない。勝って喜びを与えて、稽古で苦しい思いをさせろ」とよく言われていましたが、勝つことも大事ですが、もっと大事にされていたことがありました。それは「勝っても負けても正々堂々」ということでした。学生時代、技を出して転倒したり、攻められて場外に出たりしたらたとえ試合に勝ったとしても厳しく叱責されました。また負けたとしても勝負を挑んで敗れたのであれば、それを咎められることはありませんでした。

国士舘の場合、学生の多くはたとえ教員にならなくても剣道の指導者となります。将来につながるような指導をする必要があり、それが義務です。のちに詳しく説明しようと思いますが、それにはしっかりと中心を攻めて崩す剣道を身につけさせなければなりません。これは国士舘ということではなく、高段者をめざすのであれば、だれもが身につけなければならないものです。これも大きな技をしっかり身につけることが基本です。

国士舘ではどんなに試合実績がある学生でも一年生から選手になれる者はごく稀です。どんなに個性的な剣道をしていた学生でも三年、四年生となると国士舘のカラーになるのは、国士舘として身につけてほしい剣道を繰り返し稽古させるためだからだと思います。なりふりかまわず勝つより、自分の信じた技で思い切って勝負をすることをよしとする。それが国士舘の剣風でしたので、わたしが学生時分は日本一のタイトルは取れませんでしたが、稽

平成27年、全日本剣道演武大会にて田中信行範士（京都）と立ち会う

古では誰にも負けないという気概がありました。当時、関東学連の合同稽古が月一回行なわれていました。場所は日大講堂や国民体育館でしたが、拓殖大、日本大、法政大、中央大などの学生と一緒に稽古をしたのはよい思い出です。

審査は正しい技

重要なのは心気力一致。自己流で覚えた技は評価されない

ながく八段審査の審査員をつとめさせていただいていますが、基本から外れた打突はたとえ打突部位をとらえたとしてもなかなか評価を得るにはいたりません。自分であみだした技はオリジナルですから試合では一本になるかもしれません。しかし、原則にのっとったオリジナルなら評価されるかもしれませんが、我流に近いものがほとんどです。子供のとき、勝負勘が高いと試合でおもしろいように勝つことができます。しかし、本能で覚えた技、自己流で覚えた技には限界があり、いずれ通用しなくなります。とくに身体の成長とともに、それらの技は使えなくなります。

大人も一緒です。若い頃、選手として活躍した方が昇段審査で苦労されるのはそのためです。どうしても若い頃に使っていた技で勝負してしまい、普段の稽古でその技が通用するので、最後はその技に頼ってしまいます。

たとえば竹刀を振って当たっている人は、最後、振って打つことに頼ってしまいがちです。剣道には担ぎ技がありますが、竹刀を振って打つことも技には変わりありません。しかし、振るという動作はよほど攻めがきいていないかぎり色を見せていることになり、評価されません。むしろ、まっすぐに色なく打つことで、たとえ打突部位をとらえることができなくても審査では評価されるのです。

とくに八段審査の二次審査ではふるいにかけられた同格者で行ないます。だれもが稽古を十分に積んできた者ばかりです。その者同士が対戦するのですから、勝負はギリギリのところで決します。そのギリギリの間合で見事な一本を打った人が狭き門を通過していますが、総じて捨て身の一本が出ています。八段審査はわずか二分です。二分で自分を表現することは容易なことではありませんが、普段の稽古からギリギリの攻防を意識しておく必要があります。

捨て身の一本を出すには今回のテーマである大きな技を勉強することです。大技の勉強というと低段者の領域と思うかもしれませんが、高段者になっても欠かしてはなりません。とくに加齢とともに筋肉は固くなりますので、肩の筋肉が十分に使えなくなります。肩の筋肉が使えないと、冴えのある一本、キレのある一本が打てなくなります。

大きな面はもちろんですが、小さな面も肩を支点として、竹刀を操作しなければなりません。一流選手の面技は小さく、鋭く、そして力強く打っていますが、実際はかなり振りかぶって打っていることからも、肩の役割は重要です。

基本稽古はだれもが取り組んでいるとは思いますが、今一度、「剣道は大技が基本である」ということを頭に入れて取り組んでみてください。剣道は「どこを打つか」（打突部位）よりも、「いつ打つか」（機会）のほうが大切であり、機会を的確にとらえるには正しい構えで、正しく竹刀を振ることです。正しい構え、正しい竹刀操作、正しい打ち方を身につける上で大技の稽古は欠かせないのです。

八段審査は、捨て身の一本を出せるか。日頃から大技の稽古を積み重ねておくこと

間合は剣道の生命線
触刃・交刃・打ち間。小さな間合を覚える

触刃の間合・交刃の間合・打ち間

小川忠太郎先生の「小さな間合を勉強しなさい」

間合とは、自分と相手との距離ですが、間合は剣道の生命線だと考えています。間合を覚えるということは難しいことですし、技量や体力によって間合は違ってきます。間合には距離的な要素と時間的な要素があり、それを「間合と間」に分けて教えることもあります。間合は相手との関係で生じるものですから、自分の間合を知ることがいちばん重要です。自分の間合を理解している人は強いし、試合も巧みです。自分の間合を知っているので「ここまでは入れば打てる。ここまでは打たれない」など状況判断にもたけ、我慢ができます。それが溜めとなり、相手に圧力をかけることができます。

また加齢とともに脚力は衰えていきますので、いつも届いていた間合から打てなくなるときがきます。それを補うのが間合を熟知することであり、気力を充実させることです。そこに剣先の攻防が生まれてくるわけですが、剣道の醍醐味です。

間合は「一足一刀の間合」「遠い間合（遠間）」「近い間合（近間）」があります。『剣道指導要領』（全日本剣道連盟発行）に記されているように「一足一刀の間合」は剣道の基本的な間合で、一歩踏み込めば相手を打突できる距離であり、一歩下がれば相手の攻撃をかわすことのできる間合です。

「遠い間合（遠間）」は、一足一刀の間合よりも遠い間合で、相手が打ち込んでも届かないかわりに、自分の技も届かない距離です。また「近い間合（近間）」は、一足一刀の間合よりも近い間合で、自分の打ちが容易に届くかわりに、相手の打ちも届く距離です。

もちろんこの間合をよく理解して稽古に取り組んでもらいたいのですが、わたしが大事にしてもらいたいと考えているのは「触刃の間合」「交刃の間合」「打ち間」です。

国士舘専門学校剣道講師、戦後は警視庁剣道指導室主席師範となった小川忠太郎先生から「矢野君、竹刀を触れるところが触刃の間、そこから少し詰まったところが交刃の間、さらに詰まったところが打ち間、これを小さな間合という。触刃の間から交刃の間まで入るときに気力を満々にして打ち間に入る。打ち間は打つ間合だけど、入っても我慢することもあるし、打つこともある。ここを勉強すること」とご指導をいただいたことがあります。

以来、交刃の間に入るまでに気力を充実させ、打ち間に入ったときには勝った状態を作っておくことを心がけるようになりました。剣道は「打って勝つな、勝って打て」と教えていますが、打ち間で剣先の攻防をしていては、互いによい技を出すことはできません。

試合だけでなく昇段審査でも、一足一刀の間合よりさらに近い間合で相手の竹刀をかいくぐるような打ち方をする受審者がいますが、このような打ち方はたとえ打突部位をとらえたとしても評価されないのは周知の通りです。

触刃の間、交刃の間、さらに打ち間に入る過程で、相手を崩し、優位な状態を作ることを常に心がけることが大切です。打ち込み稽古で元立ちは面を打たせるときに剣先を開きます。また小手のときは手元をあげます。このような状況を攻防の中でつくることを目指します。

小川忠太郎（おがわ・ちゅうたろう）
明治43年、埼玉県熊谷市に生まれる。熊谷農学校卒業後、大正８年剣道修行を志して上京し高野佐三郎の修道学院に入門。さらに国士舘高等科に学び、卒業後、国士舘中学校、国士舘商業学校などの剣道教師を経て、昭和４年国士舘専門学校剣道講師、剣道主任教授となる。剣道は斎村五郎、大島治喜太、持田盛二について修行。昭和28年警視庁剣道師範となり、昭和42年主席師範となる。平成４年１月29日没。91歳。剣道範士九段。

攻めは弓の弦を引く如し

打ち間に入ったときには気力を満々にしておくこと

剣道では捨て身で打つことが大事と言われていますが、捨て身で打つには準備が必要です。

国士舘大学を卒業し、助手として大学に残ったある日、師範室で堀口清先生、小野十生先生、大野操一郎先生が昭和天覧試合の話をされていました。昭和天覧試合とは、御大礼記念天覧武道大会（昭和四年）、皇太子殿下御誕生奉祝天覧武道大会（昭和九年）、紀元二千六百年奉祝天覧武道大会（昭和十六年）のことで、わたしはお茶をいれながら聞き耳を立てていました。そのなか「植田平太郎先生はだれと立ち会っても自分の間合でできる」というお話をされていました。

植田平太郎先生は、範士九段植田一先生のご尊父で、大日本武徳会剣道範士、香川県警察部、高松高等商業学校、高松第一中学校などで剣道を指導されていた剣道家です。植田先生は香川の地で修行を続け、京都や東京で武者修行をすることは少なかったそうですが、昭和四年の御大礼記念天覧武道大会の指定選士の部に出場し、予選リーグを勝ち抜け、準々決勝で持田盛二先生に敗れたものの、観客の記憶に残る立合をされたそうです。それが堀口先生らの「植田先生は自分の間合でできる」という感想でした。

当時、わたしは二十五、六歳でしたが、間合の大切さを学んだ転機となるお話でした。大家の先生方は、人の剣道を褒めるとき「間合がよい」という表現をよく使っていました。

間合を取るのが巧みな先生は攻めも守りも強く、なかなか入ることができません。触刃の間合で我慢し、交刃の間合に入ろうとするとパッと竹刀を払い許してくれません。自分の間合をしっかり維持されているのです。

わたしは間合を詰めるとき、弓の弦を引くような気持ちをつくるようにしています。風船でいえばパンパンに空気が入った状態で破裂する寸前です。七分、六分の力で弦を引いても勢いよく矢は飛んで行きません。それと同じで中途半端な気持ちで技を出しても捨て身の技につながりません。

気力を満々に充実させておき、打ち間に入ったとき瞬時に技を出すのか、それともさらに我慢をするのかを感じ取ります。実際には目で判断していたのでは間に合いませんので、「観見の目付」の教えのとおり、心で判断し、身体で反応できるまで稽古を積むことが重要になります。

この稽古を積み重ねることで「打つべきか」「我慢すべきか」を身体で覚えることができます。「ここだ」と思ったときに捨て身で技を出し、返されれば相手が上です。打突できるのか否かの

打ち間に入ったときに気力満々の状態にしていないと捨て身の技は出せない

ギリギリの間合で、打とう、あるいは打たれまいと思う気が出過ぎたほうが負けです。

間合を詰めて攻め込むときには、構えがしっかりしていなければなりません。身構え、気構えを充実させ、いつでも打突できる構えをつくっておくことが大切です。

また、間合は入られたらいけませんが、入らせることは大切な兵法の一つです。入らせておいて相手に打ってこさせ、それを応じたり、打ち落としたりして有効打突に結びつけます。ただし、待って対応しても、入られてしまうのは周知の通りです。気持ちは優位に立ち、防ぐのではなく、さばくことで相手の攻撃を封じ、「受ける太刀は打つ太刀」の教えの通り、反撃できるようにします。

斎村五郎先生「間合は気力だよ」
気力が充実していれば自分の間合で剣道ができる

昭和三十四年、国士舘大学に入学して間もなく、わたしは恩師高井利雄先生の手紙と土産を携え、斎村五郎先生のご自宅にご挨拶にうかがったことがありました。

斎村先生は当時、範士十段、剣道部の師範を務めておられました。その大家に、十八歳の学生が訪ねたのですから緊張の連続でした。

「静岡県出身で高井利雄先生の教え子の矢野博志です。国士舘大学に入学することができましたので、ご挨拶にうかがいました」と緊張しながら、挨拶したのを昨日のことのように覚えています。

斎村先生は和服姿で静かにお茶を口にされるだけで、無言のままでした。正座を続けるわたしの前に二度目のお茶が運ばれ、ついに三度目のお茶が運ばれたときに、この状態を見かねた奥様が助け舟を出してくださいました。

「お父さん、なにか話してあげたら」

その瞬間、斎村先生は、「質問がなければ、話すことはないよ」と一言でした。

わたしは一週間後に出直し、質問をさせていただきました。間合についてお聞きしたのですが、「間合は気力だよ」との返答をいただくことができました。

間合は気力……。いったいどういう意味なのでしょう。日記帳にメモを残しましたが、その真意などわかるはずもありません。

卒業後、改めてのそのメモをゆっくりと見直す機会がありました。気力とはどのように鍛えたらよいのか疑問に思ったのですが、結局は稽古しかありません。まず自分が大きな声を出す。学生を指導するときは気力を引き出す。それを基本として指導を続けてきました。自分が大きな声を出すことで気力が充実し、相手が威圧できるようになることがおぼろげながら自覚できるようになりました。気力が充実していると、自分の間合で剣道ができやすくなるのです。もちろん相手がいることですので、常に優位な状態が保てるということではありませんが、間合は単なる距離ではないのです。

間合は、自分に近く、相手に遠い間合を作る必要がありますが、同じ距離でありながら、互の間合の距離感が違う場合が多々あります。それが心の間合であり、位攻めにつながっていきます。

斎村先生が「間合は気力」と定義されたのは、そのような意味があったのではないかと、今になって感じています。

斎村五郎（さいむら・ごろう）

明治20年、福岡県福岡市に生まれる。福岡県立中学修猷館に入学、吉留桂に剣道を習う。明治39年、大日本武徳会武術教員養成所に入所し、内藤高治に教えを受け、卒業後、武道専門学校の教授となる。大正15年上京、警視庁、皇宮警察部、陸軍戸山学校、早稲田大学などの師範、国士舘専門学校の教授をつとめる。戦後は警視庁、国士舘大学で指導。昭和44年３月13日没、81歳。剣道範士十段。

指導者の間合取り

強引に間合を詰めないこと。相手の間合で稽古できるか

昇段とともに、加齢とともに元立ちを務める機会は多くなるはずです。わたしが現在も心がけているのは、相手の間合で稽古をするということです。自分から強引に入っていけば相手は打つこともできないし、稽古になりません。実力に差があるわけですから、相手が心から「参った」と思うところを打つには、相手をベストな状態にしてあげることです。

体力差のある子供と稽古をするとき、子供が届かない間合から力に任せて打っても子供は納得しませんし、稽古になりません。子供が思わず「やられた」という顔をするところを打つには子供の間合で対峙し、子供が出ようとした瞬間を打つことです。気を合わせて稽古をすることが条件ですが、容易なことではありません。

わたしは「相手を生かし、自分も生きる稽古」を常に課題としています。上手に懸かる稽古は本当に苦しいものです。肉体的にも精神的にも圧力がかかります。元立ちは圧力をかけながらも、相手の力を百パーセント引き出すような稽古を心がけてほしいと思います。加齢とともに上手に懸かる機会はどんどん減っていきます。そのとき、実力を維持、向上させるには、下手との稽古で相手を生かし、自分も生きる稽古をするしかないのです。

指導者は相手の間合で稽古ができること

先師からの伝言 4

刀法の原点は刃筋にある
刃筋を理解し、
鎬を使った剣道を感得する

真剣勝負からはじまった竹刀剣道

剣道は真剣勝負からはじまり、形稽古、竹刀稽古に変化してきました。時代の変遷とともに剣道も変化してきていますが、真剣勝負を原点とし、刀法に則った剣道でなければなりません。木材を使ったのが木刀、竹材を使ったのが竹刀ですが、すべて「刀」の一文字が入っています。「刀」である以上は、刀法を意識した剣道を身につけなければなりません。

刀法に即した技を使うには刃筋が重要である

刀法の特徴がいちばんあらわれているのは応じ技です。応じ技は刀法を駆使しなければできません。具体的には竹刀の鎬を使うことです。鎬とは刀の棟と刃の境界をなす線のことです。鎬は刃部よりも厚みがあり、その厚みがあるからこそ、切り込んできた相手の刀に対して応じて切り返すことができます。

日本剣道形三本目は左鎬で打太刀の突きをなやし、四本目は打

剣道形六本目、仕太刀は打太刀の小手を裏鎬ですり上げる。このとき、すり上げると同時に刃を打太刀の小手に向け、そのまま打太刀の刀の上を滑らせるように右小手を打つ、と大野操一郎範士は高野佐三郎範士より習った

太刀の突き受け返す。五本目はすり上げ面、六本目は左鎬を使ってすり上げ小手など太刀七本で鎬を使わないのは一本目と二本目のみです。剣道形が刀法に基づいている以上、竹刀剣道にもそれを生かさなければ本来の剣道から逸脱してしまいます。

竹刀に刃がないことから刀と別物と考えてしまっては、鎬の意識が生まれようもありません。また刃の意識はあっても、鎬の意識が抜け落ちてしまう場合もよくあります。子供や初心者に教えるときは竹刀の弦があるほうが峰、その反対側が刃ということを教えますが、さらに一歩踏み込んで、鎬の説明も加えてほしいと思います。実際に刀や木刀を用いて説明をすれば理解しやすいと思います。最近は木刀による剣道基本技稽古法が浸透してきているので、「刃筋」「鎬」といった事項が低段者にも理解されるようになりました。

「刃筋」「鎬」といった事項で思い出すのは剣道形六本目のことです。

「剣道形六本目には鎬の要点が詰まっている。高野（佐三郎）先生の六本目は、実に軽やかで味があった」と言われたのは大野操一郎先生です。

その昔、日本剣道形（戦前は大日本帝国剣道形）には、今われわれが学んでいる剣道形とは少し違う、口伝のようなものが存在したそうです。

「打太刀が右小手めがけて刀を振り下ろしてくる。仕太刀は裏鎬を使ってこの刀をすり上げるが、このとき、すり上げると同時に刃を打太刀の小手に向け、そのまま相手の刀の上を滑らせるようにして落としなさい。それが理にかなっている」

大野先生は高野先生からそのように教わったそうです。目の前で大野先生が示範されるのを見て、まさにその通りだと思いました。仕太刀の刀が、吸い込まれるように打太刀の右小手に収まっていましたが、この無駄のない技に、鎬を使う意味があると思いました。

切り落としの妙技
小野派一刀流免許皆伝小野十生先生の稽古

鎬と刃を巧みに使われた先生といえば小野十生先生です。小野先生は戦前の国士舘専門学校時代から指導者として招かれ、戦後もながく国士舘で道場に立たれました。学生時代はもちろん、卒業後も稽古をお願いしましたが、私が面を打っていくと巧みな切り落とし技を遣われました。

小野先生は佐賀県生まれ、佐賀県立鹿島中学、大日本武徳会本

小野十生（おの・じっせい）
明治29年、佐賀県杵島郡白石町に生まれる。佐賀県立鹿島中学校卒業後、京都の大日本武徳会本部講習科で修行。滋賀刑務所、武徳会滋賀支部、滋賀県警察部等の剣道教師を歴任し、朝鮮慶尚北道大邱武徳館などで師範を務めた。その後、日本に戻り、国士舘専門学校、浦和高等学校、警視庁などで師範を務める。戦後も国士舘大学、警視庁で師範を務め、昭和49年３月15日没。88歳。剣道範士九段。

部講習科で修行された後、滋賀刑務所、朝鮮に渡り慶尚北道警察部などの師範をされ、昭和に入って日本に戻り、国士舘、警視庁などで指導をされました。小野派一刀流宗家笹森順造先生について一刀流を学ばれていましたので、切り落とし技が巧みだったのだと思います。

小野先生に稽古を拝見すると、面を打つといつも打突部位に触れる寸前のところで刃を使って切り落とし技を遣っていました。私が助手になった頃、小野先生は七十歳前後だったと思います。

のちに大学四年で全日本剣道選手権優勝を果たした川添哲夫君が小野先生に稽古をお願いしたとき、五本から六本、技を出した時点で息が上がってしまったことがありました。とくに激しく稽古をつけたわけではないのですが、あの川添君が肩で息をしているのですから、よほど圧力がかかっていたのだと思います。

鎬を使って応じて打つ
すり上げ技、返し技はこうして一本にする

現代剣道は昔に比べ、鎬による攻防が格段に減ってきていると感じます。しかし攻める際にも鎬は必要ですし、守る際も必要です。とくに相手の技を引き出して打つ応じ技では鎬の使い方がものをいうと考えています。代表的な技の要領を紹介します。

小手すり上げ面はすり上げ技の中でも代表的なものです。代表的な技だけに基本的な鎬の使い方重要となるので、この技で鎬の理解を深めていくと良いと思います。

相手が小手を狙って打突してくるのに対し、こちらはできる限り近くまで相手を呼び込んで竹刀をすり上げます。そうすると相手の竹刀は中心から外れ、こちらからはすり上げたところからそのまま相手の面を打つことができます。相手の竹刀を払わないように注意します。

面返し胴も頻度が高い技ですが、打ったときに刃筋が立っていることが重要です。相手の面を刃部で受けると手元が大きく上がり、円滑に返すことができません。相手の面を表鎬で受け、瞬時に返すことで刃筋の立った胴打ちになります。表鎬で相手の面を受けるためには、相手の竹刀を迎えるような気持ちで差し出すことです。

小手すり上げ面

小手返し面は、鎬を勉強する上ではたいへん重要な技です。面返し胴のポイントとして、相手の打突を表鎬に乗せることを紹介しましたが、小手返し面も相手の小手を表鎬に乗せることが重要となります。しかし、面技と違い打突部位が低いので、普通に鎬で受けようと思ってもなかなかうまくいきませんので、私は半歩横に体をさばくことをすすめています。体をさばくことで相手と充分な距離ができ、技が出しやすくなります。表鎬で相手の技を受けたら、すばやく手首を返します。

小手返し面

面返し胴

剣道は打つ・突く・かわす
刀の特徴を理解して気剣体一致の技を求める

剣道には「打つ・突く・かわす」という三つの動作がありますが、ただ打てばよいのではなく、三つの動作はいずれも刀法に則っていなければなりません。

刀法に則った剣道を心がければ無理な竹刀操作は減ってくるはずです。「打ってやろう。当ててやろう」という気持ちが強くなると、無理な竹刀操作になりやすくなります。

「隙が無かったら打つな」
「隙が無かったら崩して打て」
「無駄打ちをする」
「相手を引き出して打て」

私が剣道をする上で右記の項目を大事にしていますが、剣道は「剣の道」ですので、刀法を抜きに説明をすることはできません。

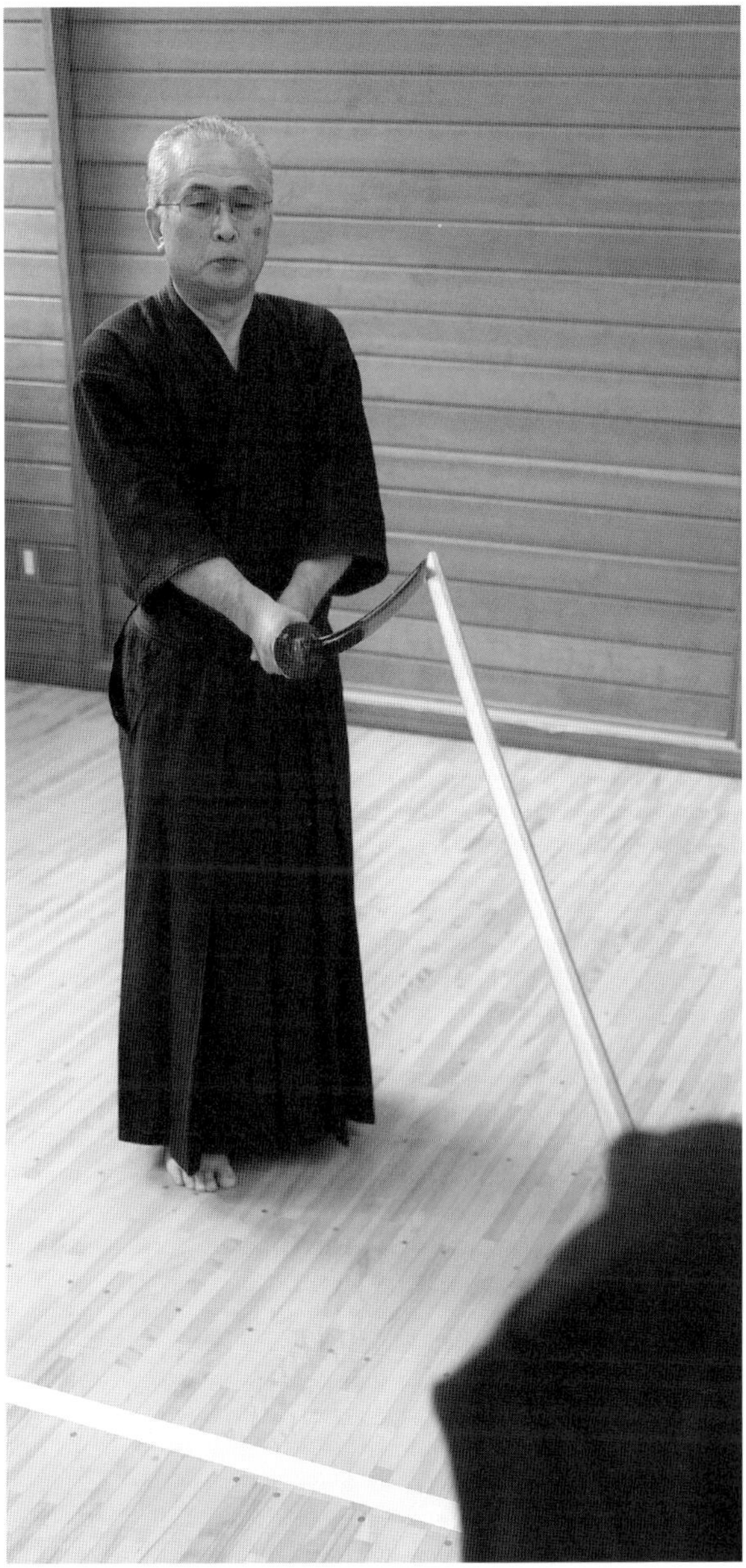
「刀の観念」を得るために真剣を手にすることは有益だ

昨今、実社会で日本刀を目にする機会はほとんどありません。刀の観念が薄れています。時代の流れてとともに仕方のない部分があるかもしれませんが、剣道を修錬する者であれば刀の観念を忘れてはなりません。

とくに指導者は刀法、理合を教えることが大切です。指導者は必ず示範すると思いますが、ただ「すり上げはこう、返しはこう」と手本を示すのではなく、「なぜこう打つのか」という理合を教えなければなりません。手本を示すだけだと、教わる側はその動きをなんとなく真似て、自分勝手に打ちやすいように身体で覚えていってしまいます。その結果、刀法を無視した、ただの棒を扱っているかのような技になることもあります。

「刀の観念」を得るための一番簡単な方法は、一度真剣を手にしてみることです。刃筋や鎬と説明しても、真剣を見たことも握ったこともなければその理解も充分なものにはなりません。真剣を手にすることができればたちどころに刃筋、鎬を意識できるはずです。

剣道試合・審判規則に、刃筋は有効打突の条件のひとつとして明記されています。刃筋というものは、ただ刃が下を向いていればよいというものではありません。姿勢、構え、手の内などの要素が合わさって刃筋が立った打突が成立します。これは竹刀だけを持っていては、なかなか気づくことのできない感覚だと思います。

刀の観念を大切にし、刃筋を意識した剣道、鎬を意識した剣道を取り組むことで必ずや剣道の幅が広がってくるはずです。

先師からの伝言 5

相手に圧力をかける喉元に剣先をつけることが中心を取ることではない

中心を取るのは手段

手段と目的を間違うと打突につながらなくなる

中心を取ることは剣道でもっとも大切なことであり、指導をする際、「中心を取りなさない。中心を取られていた」などと指摘することがよくあります。しかし、ここで大事なのは、中心を取るのは有効打突を決めるための手段であり、目的ではないということです。打突につながっていることが重要であり、剣先を相手の喉元にもっていくことが中心を取ることではありません。

みなさんは「中心を取りなさい」と指導されたとき、どのようなイメージをつくりますか。まずは相手から剣先を外さないことだと思いますが、大切なのはどの機会で中心を取っているかです。

一般的に中心を取るには剣先を相手の喉や左目につけておくことといますが、そのことを意識しすぎると、逆に隙を与えてしまうことも知っておかなければなりません。

中心を取るのは相手を打つための手段。打突につながる取り方を工夫すること

大野操一郎先生は「不動心」という言葉をよく使いましたが、不動心とは心を動かさないことではありません。どんな状況でも四戒（恐懼疑惑）をおこさず、相手に対応するための心構えです。中心を取るのは攻めのひとつです。打突の好機をつくるための手段であり、中心を取ったことが即打突の機会につながるわけではありません。まずはそのことを理解しましょう。

中心の取り方についてはさまざまな方法や考え方があると思います。剣道の試合や稽古では、ほとんどが中心の取り合いに終始しているといってもよいでしょう。中心の取り合いが剣道の奥深さ、醍醐味であるともいえますが、それは取ったときが攻め勝ったときであり、打突の機会が生じるからです。

中心を取るためには、構えたときに左拳をなるべく動かさないことです。剣道は「左拳が動いたら負け」と教えていますが、怖いと思うとすぐに左拳が動きます。

わたしは指導する際、「自分自身ができる最高の構えをつくれ」と稽古開始時に伝えるようにしています。だれもが自分がイメージしている最高の構えがあると思いますが、それをつくって相手と対峙することです。左拳の位置、足幅、背筋など各々留意点は異なると思いますが、構えができていなければ攻めることも、打つこともできません。

剣先からにじみ出た圧力

警視庁主席師範堀口清先生の稽古

「中心を取る」という題目でまず思い出すのは堀口清先生です。

堀口先生は群馬県出身、大日本武徳会群馬支部（前橋）の夏期講習会で、山本長次先生（当時東京高等師範学校助教授）から中央での本格修行をすすめられ、大正十年に上京、高野佐三郎先生の修道学院や小沢愛次郎先生の盈進塾興武館などで剣道修行を続け、警視庁に奉職、のちに警視庁の指導者となりました。警視庁では斎村五郎先生に師事し、斎村先生のご自宅のそばに住居を構えたほどです。その縁があり、終戦後、新制大学になってからも国士舘大学の道場で、わたしはご指導をいただくことができました。

堀口先生に稽古をお願いしたとき、充分に攻め、「ここだ」と感じたときに面を打っていっても必ず剣先が喉元に貼り付いていました。迎え突きではなく、「まだ打つところではありません」と示唆するかのようにピタッと剣先が付いています。何度打っても同じことの繰り返しでした。ときに打突部位をとらえることもありましたが、こちらはまったく打った気がしません。

「先生の剣先には目がついていますね」

わたしが助手となったとき、思わず聞いてしまったことがありましたが、堀口先生はにやりとしただけでした。中心を譲らない剣道ですので、こちらは二分、三分と経過すると息が上がってきます。技は一回の稽古で数本しか出されませんが、正対しているだけで息が上がってくるのです。

あるとき、あまりに堀口先生の剣先が喉元から離れないので、剣先が喉元につくのを見計らいながら片手面を試みました。無理に突っ張るような迎え突きに対し、片手面は有効な技ですが、そのことを察した堀口先生は泰然自若、体をさばこうとしたわたしに正対して、ここでも剣先を喉元にもってこられました。血気盛んだったわたしは先生の竹刀を手で払ってしまいたい衝動にかられましたが、そのくらい堀口先生の剣道は巧みでした。「もうダメだ」とこちらが躊躇したとき、堀口先生はスルスルと間合を詰め、パンと自分から技を出されましたが、その機会が絶妙で心の

堀口　清（ほりぐち・きよし）

明治36年、群馬県邑楽郡梅島村新里に生まれる。５歳から祖父要吉に就いて剣道を学び、梅島尋常高等小学校入学後は父兼太郎（教員）の指導により自宅と学校で稽古を続けた。大正10年上京、修道学院、盈進塾興武館などで稽古を続け、大正13年４月、警視庁に奉職。斎村五郎に師事し、戦後は警視庁指導室初代主席師範となる。平成３年４月16日没。87歳。剣道、居合道範士九段。

底から「まいりました」と思ったものでした。

いま振り返ると、警視庁剣道指導室の先生方は相手の息を上げる稽古だったと思います。稽古量が豊富で、稽古相手も剣道特練員を代表とする精鋭ばかりです。その猛者を何人も相手にしなければならないので、まずは打つことよりも相手の呼吸を乱すこと、息を上げさせることに重点を置いていたのではないでしょうか。

一刀流に「浮木」という技があります。水に浮いている丸太の一方を強く押すと片方が浮いてバランスをとります。その原理を利用したのが「浮木」で、竹刀剣道でも大いに応用ができます。中心を取り合ったとき、力任せに来た相手には、その力を逆に利用し、表から来たら裏、裏からくれば表を制し、相手より優位に立つことができます。堀口先生の剣道は本当に柔らかく、「柳に風」でした。あの柔らかく、いざというときは決して相手を許さない厳しさを兼ね備えた剣風は、一刀流の教えも大いに取り入れていたのだと思います。

中心を取る技法
相手の剣先に表鎬をすり込むことを覚える

相手の中心を制するには、鎬を使った攻めが有効です。相手の竹刀を押さえ込もうとすると、右手に必要以上に力が入り、相手の剣先がこちらの中心から外れますが、こちらの剣先も相手の中心から外れ、そこから技を出しても竹刀の軌道が大きくなり、的確に相手をとらえることが難しくなります。

中心を取るためには剣先を押さえ込むのではなく、鎬を使ってすり込む。中心を取るには、このイメージを体得することが大切です。鎬を相手の剣先にすり込むように操作することができれば、こちらの剣の身幅分だけ、相手の剣先を中心から外すことができます。

打突の機会は一瞬です。相手が打突することができない状態、もしくは出てきても容易に返すことができる状態にすれば、それは勝った状態です。その状態をつくるために、鎬を使った攻めが必要になるのです。鎬を使った攻めを覚えると、相手が攻めてきたときにも一歩前に出て乗り返すことができます。

昨今、相手が攻めてきたとき、間合を切る、もしくは防御の体勢をとるといった対処法が主流になりましたが、鎬を使って乗り返すことも身につけたいものです。

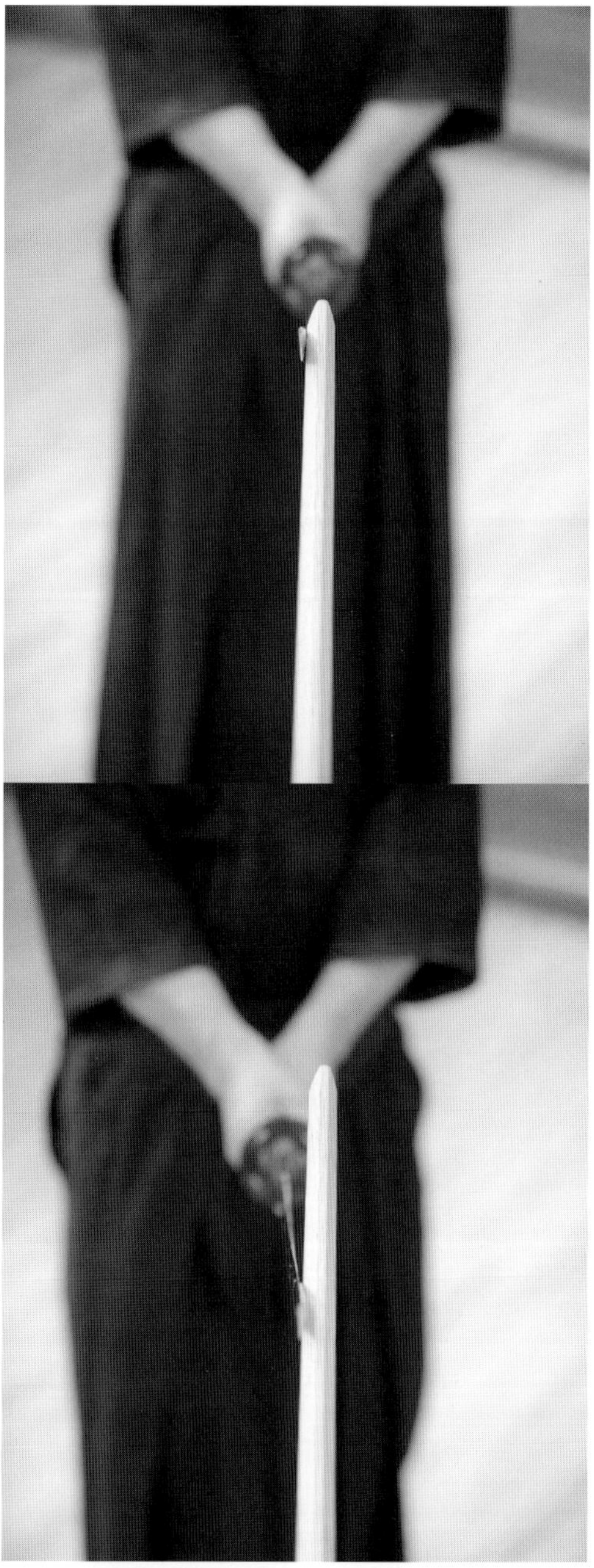

相手の剣先に表鎬をすり込むことで中心を取ることができる

阿部三郎先生の一升枡の教え

中心を取るには必要最低限の竹刀操作を心がける

大学卒業後、国士舘の助手をつとめながら亜細亜大学で二年間、非常勤講師をさせていただいていました。亜細亜大学剣道部師範は国士舘専門学校一期生の大澤衛先生です。その縁で大澤先生、堀口先生、そして堀口先生と懇意にされていた早稲田大学出身の玉利嘉章先生とともに亜細亜大学の夏合宿に行きました。

三人の先生方は斎村五郎先生に教えを受けていますが、斎村先生から教えを受けた場所は堀口先生が主に警視庁、大澤先生は国士舘専門学校、玉利先生は早稲田大学と別々です。しかし、振り返ると同じような稽古の付け方でした。掛かり手が表から入ってくれば裏、裏から入ってくれば表と「まだ打つ機会ではありませんよ」と示唆するかのように剣先で相手を制します。

剣道は師匠の剣風に似るといいますが、まさにそのことを実感しています。

「斎村のおやじは強かった」と三人の先生方はよく口にしていましたが、先生方が主として斎村先生から稽古をいただいていたのは斎村先生が五十歳くらいのときです。わたしは斎村先生が稽古をしている姿を残念ながら目にすることができませんでしたが、想像はできます。

中心を取るということに関し、もう一人、紹介しておきたいのは阿部三郎先生です。阿部先生は福島県出身、戦前は満鉄（南満州鉄道株式会社）で高野茂義先生に師事して剣道修行を続け、戦後は警視庁に奉職し、国士舘大学でも学生の指導に携わってくださいました。

阿部先生は構え・打突すべてが美しく、大野先生からは「阿部先生の剣道をよく見習いなさい」と言われていました。手の内が柔らかく、自在な剣風でした。阿部先生は「自分の前に一升枡を置き、その枠内から竹刀が出ないように操作することが大切ですよ」と教えていただきました。

阿部三郎（あべ・さぶろう）
大正８年、福島県相馬に生まれる。県立相馬中学校卒業後、昭和12年満鉄（南満州鉄道株式会社）に入社する。満鉄剣道総師範高野茂義に認められ、大連道場で教えを受けるようになる。第３回昭和天覧試合出場。大連満鉄育成学校と大連埠頭局の剣道市販に就任。戦後は昭和23年警視庁に奉職し、選手として活躍したのち師範となる。平成17年４月20日没。85歳。剣道範士九段。

出稽古の思い出

剣道の地力をつけるには出稽古が必要不可欠だ

学内だけでは強くなれない
大野操一郎先生は積極的に出稽古を推奨した

わたしが国士舘大学に入学したのは昭和三十四年四月、四期生として入りましたのでやっと学年が四年から一年までそろったばかりの頃でした。

入学当時の国士舘大学の道場は間口二十七間から三十間、奥行七間ほどの長方形の道場で、上座中央部に大野先生、斎村先生を中心にその他の先生方が左右に分かれて着座され、対面する形で

大野操一郎範士は、学外に積極的に出ることを推奨した

前列に四年、三年、二年生の上級生、後列に一年生が並びました。

当時、珍しかった朝稽古は、国士舘専門学校時代から実施されていたもので、朝稽古が国士舘大学剣道部の基礎を築き、大きく飛躍できた要因になったと思います。しかしながら新制大学としては歴史が浅く、正しい剣道を身に付けるだけでなく、試合にも勝てる剣道部にしたいと考えた大野先生は学内での稽古だけでなく、早稲田大学、慶應義塾大学、東京教育大学などへの出稽古を積極的に取り入れていました。

早稲田大学の師範は渡辺敏雄先生、慶應義塾大学、東京教育大学の師範は中野八十二先生です。お二人とも大野先生の母校東京高等師範学校出身であり、よく通ったものでした。

出稽古の大きな目的の一つは、自分の力を試すということですが、普段の稽古とは違った環境で稽古を行なうことで、長所や欠点をふくめ普段見えない自分が見えてくると思います。自分の姿を謙虚に分析し、反省、工夫することができます。

国士舘大学は大野先生、斎村先生をはじめ小野十生先生、堀口清先生、阿部三郎先生、伊保清次先生という当代きっての指導者を招いていましたが、いくら高名な先生から指導を受けていたとしても、内輪だけで稽古をしていたのでは視野が狭くなると大野先生は考えていたのだと思います。

もちろん外にでるからには学内でしっかりと稽古を積んでおく必要があります。朝稽古、夕稽古でしっかりと基礎をつくり、その下地をもとに出稽古に行くから生きてくるのだと思います。

国士舘では打たれたり試合で負けたりすることよりも、転倒することが一番恥ずかしいことであると教えられていました。学生同士の稽古では「絶対に負けない」という気持ちで相手に向かっていきました。

講談社から済寧館道場へ

土曜・日曜日、二回の稽古から学んだこと

わたしが学生時代、国士舘大学剣道部は土曜、日曜日は稽古がありませんでした。この両日は大野先生とともに護国寺の講談社野間道場に行き、野間道場での稽古を終えると皇宮警察の道場済寧館に行きました。

講談社は持田盛二先生（範士十段）が師範をつとめ、持田先生に稽古をいただくために森田文十郎先生、中野八十二先生、佐藤卯吉先生、小澤丘先生など高名な先生が通われていて、その先生方に稽古をお願いしました。

持田盛二範士十段をはじめ高名な剣道家が汗を流した講談社野間道場

持田先生が稽古をされるのは一日数名までと決まっており、学生が稽古をお願いできる先生ではありませんでしたが、大野先生のお計らいで一度だけ切り返しを受けていただいたことがあります。雲の上の存在だった持田先生にお願いできたことは剣道人生において宝物となっています。

野間道場の稽古は先生方が元立ちをされて指導稽古を行ない、それが終わると互格稽古になりました。先生方は入浴後、師範室でお茶を飲みながらさまざまな剣道談義をされていたのですが、わたしは大野先生の道具を片付けながら、いつも先生方の会話を楽しみに聞いておりました。

あるとき、持田先生が左手を握って拳をつくり、その拳を右手で包み込むようになでながら「剣道はこんなものですね」とおっしゃいました。学生だったわたしには何を意味するのかまったくわかりませんでしたが、相手を包み込んでしまうことの大切さを説かれていたのではないかと推測しています。

野間道場の稽古を終えると都電に乗って十時から始まる皇宮警察の稽古に向かいました。皇宮警察の師範は佐藤貞雄先生（範士九段）がつとめ、皇宮警察の特練員の方々にも稽古をお願いしましたが、外部からも中野先生をはじめ全国高体連剣道専門部長をつとめた湯野正憲先生、国民体育館で指導されていた羽賀準一先生もいらしていました。

野間道場に続いて稽古をお願いするので肉体的にも精神的にもとても苦しい稽古でしたが、いま思うと二十歳代の若さで、戦後の剣道界を支えた先生方に毎週のように稽古をお願いできたことが本当に勉強になっています。

大野先生の付き人として出稽古のお供をするときには師範室に入れていただき、先生方のお話を聞くことができました。都内では野間道場、皇宮警察、警視庁などでお世話になりましたが、いずれも師範室に入れていただけたことが、自分の財産であり、今後はお聞きしたことを後世に伝えていかなければならないと考えています。

出稽古の作法

郷に入っては郷にしたがえ。道場の規則を遵守すること

出稽古は文字通りよその道場に通って稽古をさせてもらうものです。道場にはそれぞれ作法がありますので、それを遵守することがまずは大切です。たとえば国士舘中学・高校では外部の方も参加できる稽古会を定期的に行なっていますが、国士舘の座礼は神社の参拝にならい二礼二拍一礼です。当然ですが、ここで稽古をする皆さんは、道場の作法にならって行なっています。

また出稽古ですから部外者であることを常に意識し、稽古をさせてもらうことに常に感謝の気持ちを忘れないことです。所作振る舞いは皆さん見ていないようで見ています。

出稽古では普段手合わせができないいろいろなタイプの人と稽古ができます。難剣といわれるタイプの人とも稽古することがあると思いますが、選り好みをせず、どんな相手とも積極的に稽古をすることが大切です。それが受け入れてくれたことに対する礼儀であると思います。

剣道は試合に勝つことや昇段することも大切ですが、それには地力をつけることがいちばんです。国士舘に入学した当初、一年生が四年生と練習試合をして勝つこともありました。しかし、稽古をお願いするとかすることもできません。

四年生から「剣道の地力がない」と言われましたが、剣道の本当の力をつけるには上手に稽古をお願いすること、それもなるべく多くの人にお願いしなければならないことを知りました。

現代出稽古考

世界各国から剣道愛好者を迎え入れる時代になった

第十六回世界剣道選手権大会では過去最多の五十六の国と地域が参加しましたが、日本開催、それも東京開催ということが大きな理由だったと思います。

各国の選手は大会の前後を利用し、警察や大学、実業団、民間道場などさまざまな場所で稽古の機会を求めていました。国内の移動はもとより、海外からも飛行機を利用すれば以前よりも容易に稽古に来ることができる環境になっていることを実感しています。国士舘の朝稽古にも外国の剣士はたくさん訪れていますが、わたしが二十歳代の頃、野間道場や皇宮警察でお世話になっていた時代を考えると、隔世の感があります。

剣道は日本からはじまったすばらしい伝統文化ですので、その剣道を学びたいと考え、門をたたく人たちは積極的に受け入れるべきと考えていますが、剣道の稽古は激しいものですから、怪我の問題をふくめ準備しておかなければならないこともあると思います。

わたしが指導する国士舘中学・高校の稽古会では年々参加希望者が増え、だれが稽古に来ているのかわからない状況になってしまいました。そこで稽古希望者には用紙に氏名や所属、緊急連絡先などを記入していただき、不測の事態にそなえるようにしました。

また、我々が稽古に行っていた頃、移動は電車とバスでした。しかし、いまは大きな防具袋をかついで電車やバスに乗ることは他の乗客の迷惑になることもあります。「自分の足で防具をかついで稽古にいくことが修行である」という考え方もときには合わなくなってきました。

しかしながら時代が変わっても強くなるには一人でも多くの人に稽古をお願いするしかなく、それを現代社会にどう合わせていくのかも課題になっていると思います。わたしは「矢野に稽古をお願いしたい」と希望する方がいればできる限り稽古をしたいと考えています。それが野間道場、皇宮警察、警視庁をはじめとする各道場でわたしを鍛えてくださった先生方への恩返しであり、剣道家の務めだと考えています。

国士舘大学武者修業
全国を行脚し、見聞を広め、自己を鍛える

昭和三十五年三月
第一回中国・四国地方武者修業を実施する

国士舘大学は昭和三十一年に一期生が入学し、わたしが入学した昭和三十四にやっと学年が四年から一年までそろったことは前回、紹介しましたが、昭和三十五年から実行したのが武者修業でした。まだ新幹線が開通していない時代であり、各地区により剣道の特徴がまだ色濃く残っていた時代であり、国士舘大学を認知していただく意味もふくめ武者修業を大野操一郎先生が計画・実施しました。今回はわたしが学生時代に経験した武者修業および、指導者となって一年目の武者修業について紹介したいと思います。

第一回の武者修業は昭和三十五年三月に実施しました。わたしが二年生になる年度のことで、昭和三十五年三月二十一日から二十八日までの八日間の行程で中国・四国地方に出かけました。

当時の計画書がありますので、それに基づいて紹介すると、三月二十一日夜、東京駅から夜行列車で神戸に向かい、明朝神戸に到着すると、神戸市で試合・稽古をお願いしました。

そして三月二十三日は岡山、二十四日は香川、二十五日は徳島、二十六日は高知、二十七日は愛媛と四国各地をまわり、二十八日に愛媛で解団式を行ない、各々で郷里に戻りました。

事前に地元の剣道連盟に計画書を送付し、稽古の場所と時間を

自 昭和三十五年 三月二十一日（月）
至 昭和三十五年 三月二十八日（月）

中国・四国地方武者修業計画書

国士舘大学 剣道部
東京都世田谷区世田谷一ノ一〇六
電話（四二一）一一四五・八七三七

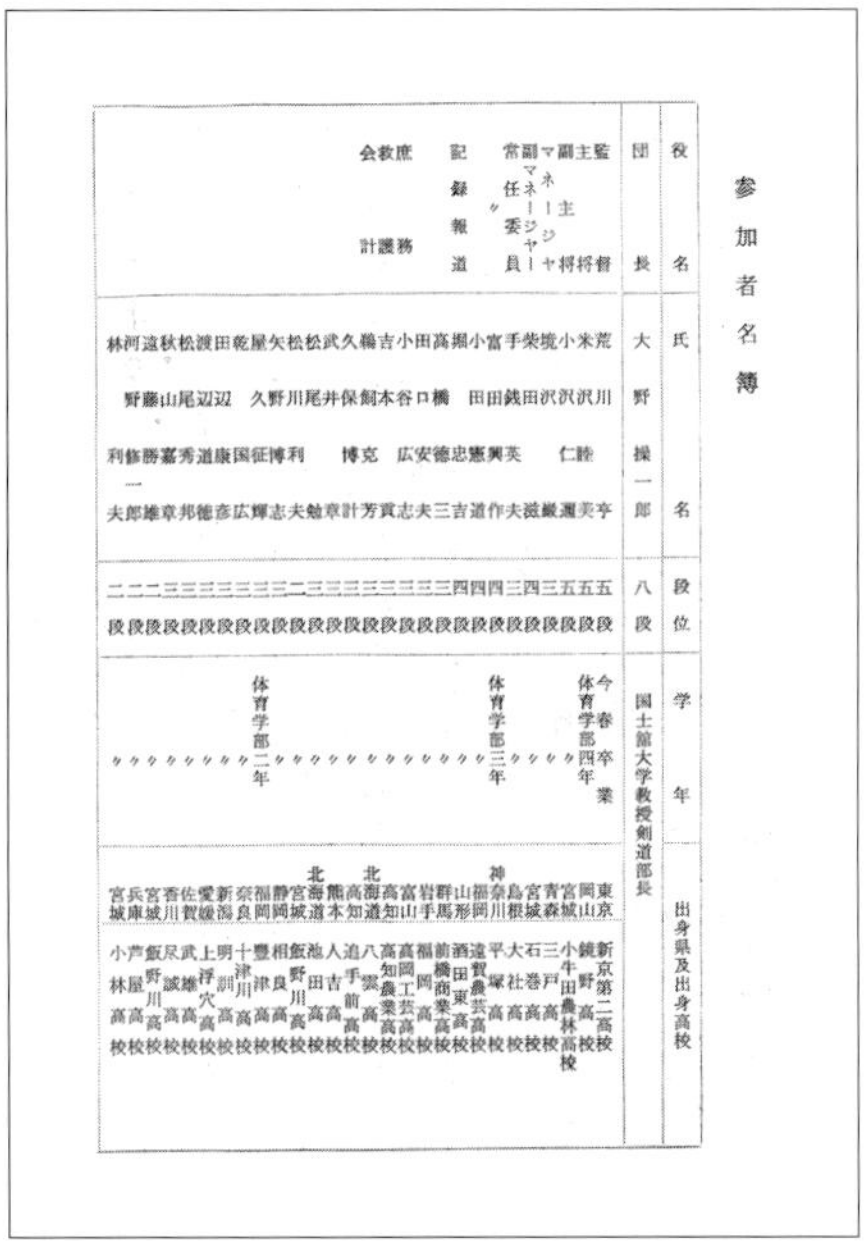

参加者名簿

役名	氏名	段位	学年	出身県及出身高校
団長	大野操一郎	八段	国士舘大学教授剣道部長	
監督	荒川亨	五段	今春卒業	東京 新京第二高校
主将	米沢睦美	五段	体育学部四年	岡山 鏡野高校
副主将	小沢仁還	五段	〃	宮城 小牛田農林高校
マネージャー	境沢巌	三段	〃	青森 三戸高校
副マネージャー	柴田滋	四段	〃	宮城 石巻高校
常任委員	手銭英夫	三段	〃	島根 大社高校
〃	宮田興作	四段	体育学部三年	神奈川 平塚高校
	小田憲道	四段	〃	福岡 遠賀農芸高校
記録報道	堀忠吉	四段	〃	山形 酒田東高校
	高橋徳三	三段	〃	群馬 前橋商業高校
	田口安夫	三段	〃	岩手 福岡高校
庶務	小谷広志	三段	〃	富山 高岡工芸高校
救護	吉本貫	三段	〃	高知 高知農業高校
会計	橋飼克芳	三段	〃	北海道 八雲高校
	久保博計	三段	〃	高知 追手前高校
	武井章	三段	〃	熊本 人吉高校
	松尾勉	三段	〃	北海道 池田高校
	松川利夫	二段	〃	宮城 飯野川高校
	矢野博志	三段	〃	静岡 相良高校
	屋久征輝	三段	体育学部二年	福岡 豊津高校
	乾国広	三段	〃	奈良 十津川高校
	田辺康彦	三段	〃	新潟 明訓高校
	渡辺道徳	三段	〃	愛媛 上浮穴高校
	松尾秀邦	三段	〃	佐賀 武雄高校
	秋山嘉章	三段	〃	香川 尽誠高校
	遠藤勝峰	二段	〃	宮城 飯野川高校
	河野修一郎	二段	〃	兵庫 芦屋高校
	林利夫	二段	〃	宮城 小林高校

昭和35年、中国・四国地方武者修業計画書

調整することからはじめましたが、ほとんどが各県警の機動隊に対応していただき、特練員との練習試合および稽古、師範の先生に稽古をお願いしました。

　武者修業の目的は未知の人々に稽古をお願いすることはもちろんですが、剣道指導者を養成する国士舘大学の剣道を見ていただくこともありました。稽古には警察や一般の方々だけでなく、高校生も参加していましたので、「国士舘で稽古をしたい。強くなりたい」と思ってもらうためには、日頃からしっかりと稽古を積んでいなければなりません。

　武者修業には大野先生はもちろんのこと、師範の小野十生先生、阿部三郎先生、伊保清次先生らも引率者として同行されたので、先生方に稽古を願いたい先生方をはじめ、大野先生の母校東京高等師範学校の先生方、国士舘専門学校の先輩方にお世話になりました。

夜行列車で神戸駅に到着。大野操一郎部長と筆者

徳島駅に到着。トラックの荷台に防具を積み込む

高知の桂浜。坂本竜馬の銅像をバックに

神戸では兵庫県警察剣道特練の方々が相手をしてくださり、師範の鶴丸寿一先生（のちに範士九段）、木戸高保先生、中尾巌先生、全日本剣道選手権を獲った堀田国弘先生などに稽古をお願いすることができました。特練員は現在、範士八段の鈴木康功先生、川本三千弘先生が若手として活躍された時代です。総勢三十人で練習試合を行ない、その後、稽古となりました。兵庫県警とはこの武者修業で交流が深まり、のちに県警特練員が国士舘に来ることもありました。

岡山は主将の米沢睦美先輩（鏡野高校出身）の出身地であり、県警の石原忠美先生（のちに範士九段）をはじめ、鏡野高校の表江智舟先生にお世話になりました。

その後、宇高連絡船に乗り、香川に渡り、香川県警にお世話になりました。香川県警の師範は植田一先生（のちに範士九段）です。高松武道館で練習試合と稽古を実施しましたが、香川県警はまっすぐな手本のような剣道をしていたのを今でも覚えています。

徳島県では、国士舘専門学校卒業の下村富夫先生が我々を迎えてくれました。下村先生は徳島農業高校の教員で第一回全日本剣道選手権大会に出場、その後、全日本の出場権を得たときは試合前に国士舘大学に来学し、大会に向けて調整をされていました。

また高知県では国士舘専門学校卒業の加賀野卓先輩にお世話になり、東京高等師範学校卒業の腰山静雄先生、西野悟郎先生、川添恵美先生が稽古をつけてくださいました。東京高師の先生方がそろって迎えてくださったことに大野先生が御礼を述べていたことを今でも覚えています。

高知を経て三月二十七日、最終地の愛媛についたときには心身ともに疲労度はピークに達していましたが、松山では最後の練習試合が待っていました。松山北高校で実施した試合は国士舘大対愛媛県対抗剣道大会と名付けられ、地元の新聞社が取材に来るほどの盛り上がりぶりでした。

東京から来たとはいえ、大学剣道部の武者修業を新聞で取り上げることは少ないと思いますが、当時はニュースが多くはなく、このような扱いをしていただけたのだと思います。

昭和三十七年は中国地方を行脚

島根では剣道連盟をあげて国士舘大学剣道部を歓迎してくれた

昭和三十七年、わたしが四年生になる年度の武者修業は岡山、広島、山口、島根、鳥取をまわり最後は京都を訪問して解散する行程でした。大野先生の故郷島根県にはじめて大学として国士舘が訪問することになり、大野先生もこの武者修業には思い入れがあったと思います。

岡山県から始まった武者修業の旅は、二年前に卒業した米沢先輩（鏡野高校出身）にお世話になり、岡山県警との試合、稽古を終え、広島に行きました。広島は国士舘専門学校卒業の大森玄白先生が広島県警察の師範を務め、若き日の熊本正先生（範士八段）、名越大賢先生（範士八段）らに試合と稽古をお願いしました。

広島は昭和二十年、原子爆弾が落とされた町であり、稽古後は原爆ドームなどを見学しました。武者修業は単に剣道をするだけでなく、見聞を広めることも目標としていましたが、終戦から十六年が経ったとはいえ、あの原爆ドームをこの目で見たときの衝撃はいまでも覚えています。

山口県は現存する山口武徳殿で山口県警と試合、稽古をすることができ、紙本栄一先生（剣道範士八段・居合道範士九段）にも稽古をお願いすることができました。

そして大野先生の故郷島根県に着きました。島根県剣道連盟をあげて国士舘剣道部を歓迎してくれま

鳥取砂丘

出雲大社

したが、地元の方との試合では大野先生から「手本となる試合をしなさい」と助言されました。わたしは四年生で主将、大将をつとめましたが、大野先生から学んだことを島根の方々に見ていただきたいと思いました。

鳥取県を経て、武者修業の締めくくりは京都でした。現在もある伏見稲荷近くの京都府警の機動隊を訪問し、そこで試合と稽古をお願いしました。京都は大日本武徳会の本部があった剣道の本場です。小川政之先生（範士九段）が師範でしたが、京都は剣道のメッカとして、伝統と格式を学生ながらに感じたものでした。

京都で武者修業は終了、解散となりましたが、京都大会が開催されている京都武徳殿にも足を運びました。いつかここで演武をしたいと思ったのは言うまでもありません。

昭和三十八年九州武者修業
引率者で九州各地を巡業、専門学校の先輩の歓待を受ける

指導者として初めて引率した九州武者修業

昭和三十八年三月、国士舘大学を卒業したわたしは助手として母校で指導者としての生活をスタートさせました。

その年の武者修業は九州でした。福岡二箇所（北九州市・福岡市）を皮切りに佐賀、長崎、熊本、鹿児島、宮崎と巡り、大分で解散する計画でした。あらためて説明するまでもありませんが、九州は剣道がとても盛んな土地柄で、これまでの武者修業よりも厳しい内容となると覚悟していました。

わたしは指導者として学生を引率する身となりましたが、強豪剣士がたくさんおり、我々を手ぐすね引いて待ち受けているのは容易に想像できました。

北九州は国士舘専門学校の中根平治先輩、国士舘大学一期生の柳井秀次先輩がおられ、東京高等師範学校出身の谷口安則先生（範士九段）、当時、若手剣士として名を馳せていた松原輝幸先生（範士八段）に稽古をつけていただきました。

九州武者修業は、長崎では横田亮二先生、熊本は井上公義先生、一川格次先生、神尾宗敬先生、鹿児島では重岡昇先生、中倉清先生など剣道史にその名を残す先生方にお世話になり、学生はもち

ろんのことわたしも鍛えていただきました。
九州武者修業は昼の稽古はもとより夜の稽古（宴会）も厳しく、大野先生から訪問先の先生方に失礼がないよう、わたしが最後までお付き合いするように申し付けられていたので、貴重な経験をすることができました。

武者修業で得たもの

移動の連続と試合・稽古の連続で心身が極限まで追い込まれた

国士舘大学武者修業は昭和三十五年にはじまり、平成五年頃まで毎年行なっていました。年を重ねるごとに部員は増え、各学年十名、選抜された四十人程度で各地方をまわりました。大学のカリキュラムの変更で、春休みに十分な時間が取れなくなってしまい、武者修業は中止せざるを得なくなりましたが、なにか別のかたちでもいまの学生たちに武者修業を経験させることができたらよいと、一卒業生として願っています。

武者修業開始当初、県警特練員の方々に滞在先でお世話になることが常でしたが、歴史を重ねるごとに卒業生の数が増えていき、徐々に卒業生に稽古場所や時間、相手を調整してもらうようになりました。

大野先生は「預かった学生は指導者として地元に帰すことが大事」と常々おっしゃっていましたが、それが具現化され、九州から北海道まで、どこに行くにも、各地に散らばった卒業生に世話をしてもらうことで武者修業が成立するようになりました。

昭和三十年代、四十年代、長距離移動は夜行列車を利用することがほとんどでしたが、時代のながれとともに新幹線や飛行機を利用し、移動時間を大幅に短縮させることができました。しかし、移動時間は短縮されても、稽古はいつも厳しい内容だったと思います。

国士舘大学は教員志望の学生が多く、将来、指導者となるにふさわしい人物を育てることが目標です。教師やコーチになったとき、生徒に正しい剣道を教えるにはどうしたらよいかを考えさせてきました。人を教えるには、基本に忠実な剣道を身につけなければならないし、剣道ばかりでなく、すぐれた人間性も備えていなければなりません。武者修業は剣道の技術だけでなく、心の成長を助けてくれるものだと考えています。実際、約一週間の稽古は慌ただしいものですが、「国士舘」の看板を背負っていますので、一瞬たりとも気が抜けず、心身ともに鍛えられました。

近年、大学剣道部ではこのような武者修業はなかなか行なえないようですが、普段、手合わせできない相手を求めて巡業するのはとても大事なことだと思います。

もし、わたしの稽古会に参加を希望されるのであればよろこんで受け入れたいと思います。

武者修業には部長の大野操一郎先生のほか、師範の先生方も引率者として帯同したため、訪問先では多くの剣道家が胸を貸してくれた

先師からの伝言 8

昇段審査に臨む

会場から歓声が上がる一本が打てたか

立ち上がった姿勢に内なる闘気が秘められているか
打ち気が強すぎると響かない

立ち上がった姿勢に内なる闘気が秘められているか

昇段審査は剣道人にとって大きな目標です。とくに六段、七段、そして八段審査は日本最難関の試験といわれて久しいです。平成二十七年、十一月の八段審査は合格率〇・五パーセントという本当に厳しい結果に終わりました。二〇〇人に一人しか合格できなかったことになりますが、昇段審査で合格するにはなんといっても平素でどのような稽古に取り組んだかに尽きると思います。全国審査をめざす方々で稽古量が足りていない方はまずいないと思います。しかし、方向性についてはいささか問題があるのではないかと感じています。

わたしが審査をする上でまず見るのは立ち上がったときの姿勢です。構えについては即不合格となるような違和感を持つものはほとんどないといっていいでしょう。ただし、立ち上がった姿勢には単に立っているのか、相手を威圧するような内に秘めたる闘気を感じるものかに別れると思います。攻撃的な構えは立ち上がった瞬間、わずかに間合を詰め、すでに臨戦体勢ができています。「隙があれば打つ。隙がなければ崩して打つ」といった気迫が満ち溢れています。構えは上半身の力を抜き、下半身を充実させる「上虚下実」を理想としていますが、合格を予感させる受審者の構えはいつでも対応できるものです。しかし、昇段審査は同格の者同士で行なうものですから当然、簡単に打てるものではありません。間合が詰まれば詰まるほど打たれる危険性は高くなります。この危険な間合で平常心を保ち、機会に応じた技を選択できることが重要となります。

間合が詰まるとどうしても打ちたい気持ちが強くなります。打ちたい気持ちが強くなると上半身に力が入り、そのような状態で技を出しても冴えのある打突になりません。面を打ったとしても中途半端な状態で、相手の前で止まってしまうこともあります。そのような打ちは当然、審査員に響きません。

一方、上半身の力が抜けた状態からの無理・無駄のない打突はたとえ打突部位をとらえることができなかったとしても勢いがあるものです。そのような打突を常に出すことができれば相手より優位に立つことができます。

構えには形で構える身構え、心で準備する心構えがあります。目で見えるのが身構えですが、各教本には構えの要領として「力まずに自然体で立ち、剣先は喉元につける」「背筋を伸ばし、肩の力を抜いてリラックスする」などと記されていますが、常に正しい構えができているか確認することも重要です。自分でできていると思っていても歪んでしまうのが構えです。身構えが歪めば、心構えも歪んでしまいます。

自分のペースに相手を引き込む
気力の風船を膨らませて打ち間に入ること

相手と対峙したときは、触刃の間から交刃の間に入り、打ち間に入ります。この打ち間から放った技を確実な一本とするためには、かたちよりも内面の問題、とくに気力が重要となります。

「打ち間に入るまで余計なことを考えずに我慢をして気を溜める努力をしなさい」と教えているのですが、よく例えに挙げるのがパンパンに張った風船です。

「風船が爆ぜるか爆ぜないかの瞬間まで自分の気力を高めて打ち間に入り、打ち間に入ったと感じたら躊躇なく打つ」と説明しているのですが、弓であれば一杯に引いた状態です。気力の風船が爆発する寸前まで膨らんでいるからこそ打突に勢いが生まれ、打ち切った一本となります。問題は風船がパンパンになるまで気力を膨らませることができるかです。

気力の風船が膨らませることができれば、相手に恐怖心を抱かせることができます。恐怖心を植え付けることができれば、怖さに耐え切れずに中途半端な技を出そうとします。中途半端な技には出ばなに乗ることもできるし、返すこともできます。余裕をも

気力の風船を膨らませて打ち間に入る稽古を日頃から積み重ねること

って相手と対峙することが可能となり、主導権を握ることができます。

気力の風船を膨らませるには「打たれるのでは」と弱気になったり、むやみに手元を上げたりしないことです。これらは無駄な動きですので気力の風船は萎んでしまいます。気力の風船を膨らませることは、「言うは易し行うは難し」ですが、それが剣道修行です。打たれること、突かれることを恐れず気力を充実させることに重きをおいて稽古を積み重ねていけば、ある日、視界が開けるかのように剣道の奥深さを味わえると思います。

わたし自身、苦しい体験、耐え切れなかった体験をたくさん踏まえてきたなかで「こんなとき」「あんなとき」といったデータを蓄積していきました。そのデータを活かし、相手と対峙したときに最善の選択をするようにしてきました。

審査は攻めて崩して打ち切った一本を求めている

「試合なら一本」は無駄打ちと同じ評価

審査は攻めて崩して打ち切った一本を求めている

「相手を打ったのに合格できなかった」「相手より技を出していたのに受からなかった」

審査終了後はこのような悩み、嘆きを多く耳にします。審査では有効打突を決めることがもっとも大切ですが、問題は内容です。審査で求められるのは最高の一本です。八段の二次審査では会場から思わず歓声が上がることがありますが、そのような技です。本来、有効打突は百点か零点であり、有効打突に格付けはないものですが、実際には「試合だから旗が上がった」という打突はあります。そのような打突は審査では評価されず、少々厳しい表現になりますが、無駄打ちと変わりません。

剣道は気剣体一致の技を出すことは当然ですが、心気力一致した技を決めることがもっとも重要です。気剣体一致の技は自分の気力と竹刀と身体の働きが一致していることです。心気力一致の技とは、相手との攻め合いのなかで打突の機会に適切な技を出せたかということです。これは本当に難しいことですが、普段より打つか打たれるかぎりぎりのところで技を出す修練を積み重ねておくことが大切です。最高の一本は凝りがなく、相手の隙に応じて的確に技が出るものです。

出て打つことを稽古しておけば、打突部位をとらえることもあれば、とらえられないときもあります。打つことを積極的に行なえば当然、打たれることも増えます。打たれるということは機会を学ぶことになりますので、打たれることを嫌がらないことです。

自分の打ち間で技を出せないと相手の心は動きません。相手は

「打たれるかもしれない」と感じるから手元が上がったり、間合を切ったりするのです。打たれないという確信があれば「危ない」とは感じず、相手は動きません。剣道は「危ない、危ない」といった極限のやりとりが大切であり、相手が「打たれるかもしれない」という危機感を抱くからこちらの攻めが利くのです。

　明治村剣道大会に出場させていただいていた頃のことですが、この大会は気力の風船を一杯に膨らませて相手と対峙しなければ渡り合うことができませんでした。気を溜めて打ち切った技でなければ審判の先生は一本とせず、試合は気力と気力のぶつかり合いでした。目に見えないものを相手に乗せていく勝負であり、気力の充実が大きいほうが乗って崩していくことができ、気力で負けてしまえば崩されてしまうという戦いでした。これらは目の見えない気力の問題ですが、「これくらいで評価してくれるだろうか」という甘い考えは捨て、「これ以上できない」と思えるような一本を出せるようにすることが大切です。

堀口清先生の教え「最後は肚ですよ」
上懸かりの稽古を繰り返すことが無心の一本につながる

　剣道は気力と気力のぶつかり合いですが、「矢野さん、最後はここですよ」とお腹を軽く叩いていて教えてくださったのが国士舘大学師範の堀口清先生でした。堀口先生は警視庁の初代主席師範をつとめた方ですが、いつお願いしても柔らかい剣遣いで、相手に圧力をかけ、最後はポンと軽く打つのですが、機会の捉え方が絶妙で心の底から「参りました」と思ったものでした。あまりにも見事なので若さにまかせて竹刀を捲いたり、突きにいくことを試みるのですが、その意図がお見通しで「なにをするのですか」と言わんばかりにスルスルと間合を詰め、こちらの目論見はまったく成功しませんでした。

　剣道は「心が動いたほうが負け」と言われています。身体が動く若い世代は先を懸けて技で勝負することが重要ですが、加齢とともに「心が動いたほうが負け」という教えをよく考える必要があると思います。

　間合を詰めるとき、腰を入れてなるべく構えを崩さないことが大切です。「肚で圧すような気持ちで間合を詰めなさい」と教えていますが、下腹に力を入れ、肚で圧していけば自分の左拳が動かず、相手にこちらの意図を察知されずに入っていくことができるはずです。「肚で乗っていけ」とも言うのですが、これは感覚的なものですので日々の稽古で感得していくしかありません。相手にこちらの意図を察知されずに入っていくことができれば、相手は怖いと感じるはずです。それが堀口先生の言われた「最後はここですよ」の教えです。

加齢とともに身体は動かなくなります。打突のスピードも衰えてきます。とくに六十歳を超えればスピードの衰えは顕著になりますが、そこで重要になるのが肚の勝負です。ギリギリまで我慢して相手の手元が浮いたところをとらえる、相手が出てきたところを返すには、肚と肚の勝負です。我慢ができず、お互いに中途半端な技を出すから、共倒れになってしまいます。

繰り返しになりますが、普段の稽古では打ち間を意識して稽古に取り組んでください。その積み重ねが本番で最高の一本を生むと信じて粘り強く取り組みましょう。

堀口清範士九段

基本を常に意識せよ

できていると錯覚しているのが
剣道の基本

技術力と精神力
剣道は年齢に応じて身につけなければならない課題がある

秋の全国審査が終わりました。剣道界は冬場は鍛錬期間と位置づけ、基本に戻ることをながく推奨しています。

剣道には年齢に応じて身につけるべきものがある。加齢とともに精神的な要素が高くなる

わたしが指導を続けてきた国士舘大学は、指導者になるための剣道を身につけさせることを目的に稽古を続けています。卒業生は教員や警察官はもちろんのこと、刑務官、あるいは消防士、一般企業などさまざまな職業に就いていますが、国士舘で剣道を学んだということは、それぞれの職域で剣道を指導的な立場で実践することを剣道界は求めていると自負しています。

では、指導者にはどのような剣道が求められるかといえば「正しい剣道をする」ということに尽きると思うのですが、これは指導者をめざす、めざさないにかかわらず、剣道に取り組む方すべての共通の課題になると思います。

剣道は自分が評価するのではなく、他者が評価するものです。試合では審判、審査では審査員が評価しますが、それだけではありません。稽古相手、稽古を見ている人、だれからも「立派な剣道、真似したいと思う剣道」を求めることが「正しい剣道をする」ということにつながると思います。

単に相手を打って満足するのではなく、自我を捨て去るのが剣道です。「打ちたい、打ちたい」では本番で相手を打つことはできません。相手の虚実を図りながら、「ここだ」という局面で捨て切った一本を打つには、気持ちの充実はもちろんのこと、それにともなう剣道技術が身についていなければ実現できません。

剣道の基本はさまざまあると思いますが、「精神的な基本」「技術的な基本」があると考えています。「精神的な基本」というのは「気の充実」です。国士舘では準備運動から気一杯に全力で取り組ませることを重視しています。だれよりも大きな声を出すことを常に意識すれば、下腹から声を出すことを覚えます。それが攻めや打突に直結していくのです。

その「精神的な基本」をベースに、「技術的な基本」である素振りや切り返し、打ち込み稽古、掛かり稽古に取り組めば、実りある稽古につながっていくと思います。

その昔、堀口清先生と玉利嘉章先生が師範室で「剣道には年齢に応じて身につけるべきものがある」といった話をされていました。

「技術と精神を合わせて百点とすると二十歳代は技術八十点、精神二十点で百点。三十歳代は技術七十点、精神三十点、四十歳代は技術六十点、精神四十点、五十歳代は技術五十点、精神五十点と加齢とともに精神の点数を上げていくような剣道を身につけなければならない」と強調されていました。

いま、わたしは七十四歳になりました。技術三十点、精神七十点の剣道を求めて修行をしなければならない年齢です。それができているか否かははなはだ不安ではありますが、先生方がおっしゃっていたことがこの年になり、理解できるようになりました。

構えの確認
稽古・試合・審査を一本の糸でつなげるには構えを見直すこと

剣道には「試合は稽古、稽古は試合のように実施せよ」という教えがあります。稽古は試合のような緊張感をもって取り組み、試合は稽古で身につけたものを全力で出す。言葉で表現すると簡単ですが、実行するのはとても難しいことです。しかし、稽古でできたこと以上のことを試合や審査で発揮することはできません。また稽古でできたことの半分も発揮できないのが試合や審査です。だからこそどのような基本を行なうのかが重要なことになります。

わたしが基本稽古を指導する際、まず重視しているのが構えです。構えは修錬の段階に応じて変わっていくものですが、常に正しい形を意識することが重要です。どの段階にあっても自分が正しい形ができているのかを確認することが大切です。正しい構えができていないと、剣道が間違った方向に行ってしまいます。自分自身が描く最高の構えを執るという気持ちで構えを確認してみてください。足幅や竹刀の握り方、膝の使い方などは体格や年齢、技量によって必ず微差があります。稽古で試してみてしっくりとくればそれが理想の構えと言えます。ただし、剣道には相手がいます。「危ない」と感じれば手元を浮かせて防御に入ってしまうものですが、相手と対峙した際、構えはできるだけ崩さないようにすることが基本です。崩さないということは構えを固定することとは違います。相手が入ってくれば表鎬を使って中心を取り返す、裏鎬を使って相手の竹刀を捲くなどして、常に自分が有利な状態をつくります。有利な状態とはいつでも打てる状態とも言い換えられますので、足を柔軟に、なるべく剣先は相手の身幅から外さず、出てくれば起こりに面や小手、相手が居つけば仕かけて打つなど、臨機応変の構えを執ることを心がけることが大切です。正しい構えから会心の一本が生まれます。

剣先は身幅から外さず、臨機応変の構えを執ることを心がけること

できていると思っていても、できていないのが素振り。一日一回、竹刀を握ること

竹刀操作の確認

肩・肘・手首を柔らかく使ってまっすぐに振り上げ、振り下ろす

正確な竹刀操作を身につけるための重要な稽古法が素振りです。素振りには上下振り、斜め振り、空間打突などがありますが、充実した発声とともに、正確に振ることが大切です。肩・肘・手首を柔らかく使い、なるべく大きな軌道で振ることが大切です。

振り上げたときの竹刀は四十五度としていますが、上下振りは肩関節の可動範囲を拡げることも目的のひとつです。左手の握りが緩まないようにし、振りかぶった竹刀を背中までつけることも、ときに必要だと思います。両拳が正中線を通るようにし、左右の力が偏らないようにします。

足さばきはなるべく大きくして、足のさばきと竹刀の動きを一致させます。とくに、先に動かす足の動きはじめと竹刀の振り上げはじめの時点、足の引きつけ始めと太刀の振り下ろし始めの時点、さらには足の引きつけ終了時点と、太刀の振り下ろし終了時点を一致させることが大切です。

できていると思っていても、できていないのが素振りです。自分自身の最高の構えから、肩・肘・手首を柔らかく使って大きく、正確に竹刀を振れているか否かを常に確認してください。上下振りに関しては、竹刀を振り下ろしたときに左手の握りが上がって「抜け手」になっていることがよくあります。

また空間打突の正面打ちでは右手を肩の高さまで伸ばし、左手の握りは鳩尾付近に納めて打ちますが、意外とできていません。小手打ちは竹刀と床に平行になる程度、胴打ちは剣先の高さよりもやや高めにし、左拳を下腹に納めて打ち、突きは手首を内側に絞り込みながら、左足を十分に引きつけ、腰を入れて肘を伸ばして突きます。鏡の前で正しい動作ができているか確認しましょう。

剣道部長の大野操一郎先生は、学生たちに「剣先から火が吹くような攻めをせよ」と言われました。中途半端な稽古をしていると「そんな稽古をしても意味がない。剣先から火が吹いていないよ」と叱責していました。中心を取るための剣先の烈しさを比喩的に教えていたのだと思います。

のちに「お互いが剣先から火を吹き合って攻めた場合、両者が五分であったらどうなりますか」と質問したところ、「先に手を出したほうが負けだよ」というお答えが返ってきました。なかなか剣先から火が吹くような攻めはできませんが、剣先から火を吹かすには構えが重要であり、その構えをつくる稽古の第一歩が素振りです。素振りは道場に上がらなくてもできます。一日一回、竹刀を握り、素振りを実施することが大切です。

打突の確認

素早く打つことより正しく打っているかを意識すること

試合や審査では触刃の間、交刃の間に入るときに気力を充実させ、どんな状況にも臨機応変に対処できることが大切であり、自分の打ち間に入ったときには技を出すことが重要です。せっかく丁寧に間合を詰めていったのに、自分の打ち間に入ったにもかかわらず技を出せない受審者を散見します。

機会と感じた瞬間、躊躇なく技を出すには基本の面打ちを中心とする、打ち込み稽古を行なうことです。現在、わたしが実施しているのが、面打ちです。遠間から打ち間に入り、面を打つ動作を繰り返します。最初は大きく、回数を重ねるごとに小さく打ったり、間合を変えたりしています。

約束動作ですが、気力を充実させて間合を詰めることが重要です。気迫が感じられない打ち込み稽古は単なる運動です。「打つぞ、突くぞ」という気持ちで間合を詰め、打ち間に動かさずに体重をしっかり乗せて踏み切ります。左足の踏み切りが正確にできれば右足の踏み込みも強くなります。それが冴えのある打ちをつくります。

打ったときの左手、右手の位置も重要です。すり足で打つ面と踏み込み足で打つ面は、打ち方が前に出る分、若干異なりますが、

道場ではだれよりも大きな声を出す。大きな声で基本に取り組めば、技の正確さやキレもついてくる

右手は肩の高さ、左手は鳩尾の高さです。素振りで覚えた右手の位置、左手の位置をイメージし、抜き手にならないように注意します。右手を打突部位にとらえる前から伸ばしてしまうと、左手が上がりやすくなります。右手を伸ばすのは打突部位をとらえた直後です。

木刀による剣道基本技稽古法の一本目は、一本打ちの技ですが、基本はこの動作です。すり足で面打ち、小手打ちなどを十分に行なってから、踏み込み足で面打ち、小手打ちなどを行なうのも効果的な方法だと思っています。

試合や審査では速くて強い正確な一本を打つことが求められますが、速さばかり求めると強さや正確さが欠けてしまうことがよくあるものです。普段の稽古では、正確さを優先し、気力を充実させた稽古を心がけましょう。

剣道は有声から無声に移行していくものですが、これは求めて無声にしていくものではないと考えています。わたしも声が出る間は出していきたいですし、大きな声は集中力を高めます。それが先を懸けることになり、剣道で重要な我慢や溜めにつながっていきます。このことを意識しておくと、「勝ってから打つ」という気持ちに変化していくはずです。

道場で稽古をするときはだれよりも大きな声を出す。大きな声で基本に取り組めば、技の正確さやキレもついてきます。基本は単純な動作の繰り返しですが、そのことを意識して取り組めば、進化を感じ取れると思います。

寒稽古の効果
自分との戦いで腹をつくり、精神を鍛える

国士舘大学剣道部寒稽古

技術よりも精神を鍛えることに主眼を置いた

国士舘大学剣道部は専門学校時代から朝稽古を励行しています。平日は長期休暇を除き、毎朝、夜明け前から道場に上がり、切り返し、打ち込みを中心とした基本をみっちりと行ないます。これは戦後、新制大学となってからも引き継がれ、わたしも四年間の学生生活、指導者となってからの四十七年間、継続してきました。

そんな国士舘大学剣道部ですが、寒稽古の期間をあえて設けています。剣道部の寒稽古は十一日間です。これは大野操一郎先生が、士《さむらい》の漢字が、十一と書くことから、この期間としました。

寒稽古は自分との戦いです。二十歳前後の若者が早起きをすることはたいへんなことです。しかも温暖化とはいえ、本当に寒い。

佐藤圭一学長による訓示

その寒い期間にあえて道場に上がり、苦しい稽古をするのです。寒稽古を経験してはじめて部員として認める大学もあるくらいです。

寒稽古は武道の伝統行事として剣道だけでなく、柔道や空手、合気道などさまざまな武道でも取り入れていますが、寒稽古の風習は武道だけではないそうです。大野先生は琴古流尺八に精通し、演奏会ではとりをとるほどの腕前でしたが、尺八にも寒稽古があるそうです。

「尺八は音色で勝負。鍛えている人、鍛えていない人は音色でわかる」とおっしゃっていましたが、冬場に寒稽古期間を設け、稽古に励まれていました。

わたしが学生時代は一年生、二年生は切り返しが中心で終わったら滝のような汗が流れていました。大野先生をはじめ小野十生先生、堀口清先生、阿部三郎先生、伊保清次先生らの指導陣が元立ちとなり、切り返しや掛かり稽古を受けてくださいました。著名な先生方に稽古をつけていただいたことが、剣道の土台になっていることは言うまでもなく、そのとき受けていただいた稽古を思い出しながら寒稽古の元立ちをつとめています。

寒稽古は、一年の中で最も寒い時期の、未明から明け方の時間に行われます。昨今は社会・生活背景などもあって、暦の上での大寒の前後に行なうことが多いです。極限状態まで自らの身体・精神を追い込み、そこで自らの弱さに打ち勝ち（克己）、自らの前途を開くことを一つの目的としています。武道の失われつつある特性を見ることのできる数少ないものの一つとも言えます。

寒稽古は根本的に科学トレーニング、一般トレーニングとは正反対で非効率的であり、寒い時には屋内である程度温度を高くした状態でトレーニングや稽古を行なうほうが効果が高く、怪我や負傷も減ります。しかし、日本の伝統的な身体操法の稽古（立切り稽古・暑中稽古など）においては体力・技術的レベルの向上よりも精神鍛錬に重点が置かれていることが多く、効率性や練習するのに快適・適切な環境というものは排除される傾向にあり、国士舘大学ではながく伝統行事として採用しています。

柴田徳次郎館長が健在だった時代はもちろんですが、現在も学長、理事長が寒稽古に来て、学生を激励するのは、そのためです。

基本の再確認
大技を心がけ、だれよりも大きな声を出すこと

国士舘の寒稽古は、専門学校時代からの伝統を踏襲し、切り返し、打ち込みを中心に一時間から一時間半くらい実施しています。

切り返しは前進四本、後退五本のものだけでなく、三十本、五十本、百本切り返しなども取り入れ、身体を動かすことで鍛え上げることを主眼としています。小さく打つのではなく、とにかく大きな技を使うことをめざし、速く打つことは求めさせません。

春先になれば試合が目前となり、試合を想定した稽古も必要になってきますが、冬場は土台をつくる期間です。だれよりも大きな声を出し、一本でも多く切り返しや打ち込みを行なうように指導してきました。

国士舘は将来指導者となるにふさわしい人物を育てることが目標です。正しい剣道を教えるには自分自身が基本に忠実な剣道を

寒稽古は大技を心がけ、だれよりも大きな声を出すこと。試合の勝敗はひとまず横におき、基本の再確認、再点検をする期間が寒稽古である

身につけていなければなりませんので、とくに寒稽古では、正しい基本をもっとも意識して取り組んでもらいたいと考えています。

剣道の基本はまっすぐに攻めて打つことですが、切り返しや打ち込みを繰り返すことで剣先に威力がつきます。攻めの基本はまっすぐに入って相手を動かして打つことです。わたしは三十年間、矢野剣道教室を主宰し、少年指導にも携わっていましたが、教えていたのはまっすぐに入って打つことだけでした。子供にとっては、相手の竹刀をかわして横から打ったほうが怖くないですが、それればかりに頼ると、攻めること、中心を取ることの理解が薄れてしまうのです。

国士舘に在籍している学生は「国士舘の剣道を身につけたい」と考え、厳しい道を選んだ者ばかりですので、基本的な事項はできている者がほとんどです。しかし、さらに磨きをかけるにはより高いレベルの基本を身につけさせることが重要になってきます。

どんな形で攻めても打突部位に当てればいい、相手がきたらどんな形でも避ければよいというやり方しか知らないと、攻めて崩すという剣道でもっとも重要な事項を身につけることができないだけでなく、なぜそれが必要なのかも理解できなくなってしまいます。若さあふれる機動力のある剣道は必要ですが、機動力に頼り、攻め合いや中心の取り合いよりも技が先になり、それればかりに終始してしまうと伸び悩みます。

高校時代、全国大会などで活躍した選手がたくさん国士舘には入学しますが、攻めること、崩すことを意識していない学生は伸び悩むことが少なくありません。だからこそ試合の勝敗はひとまず横におき、基本の再確認、再点検をする期間が必要であり、それが寒稽古です。

見事な打ち込み、見事な切り返しというものがあります。国士舘の卒業生はいずれ指導的な立場になります。手本を見せたとき「さすがは国士舘」と言ってもらえるような学生を育てたいと思って今日を迎えていますが、これは剣道を続けている者すべての目標であると思います。

昭和三十年代の国士舘寒稽古
全学生が剣道・柔道を必修科目で取り組んだ

わたしは昭和三十四年四月に四期生として国士舘大学体育学部に入りました。正気寮七号室に入寮、大学生としての第一歩をここからスタートしたのですが、朝稽古、朝食、授業、午後の稽古、夕食、風呂、点呼と目まぐるしい日程に追われる日々でした。

世田谷校舎での寒稽古の様子（写真提供＝国士舘史資料室）

朝稽古は毎日ありますが、大学一年で経験した寒稽古は格別でした。午前五時半から七時までの一時間半ですが、柴田徳次郎館長が見守るなかでの稽古は緊張感に満ち溢れました。学生時代に汗を流した剣道場は寒さが厳しく、水ぶきで雑巾をかけると床が凍ってしまいました。

道場は間口二十七間から三十間、奥行七間程の長方形の建物です。寒稽古も上座中央部に大野先生、斎村五郎先生が座り、左右に堀口清先生、小野十生先生らが着座され、対面するかたちで我々が座りました。

国士舘大学は創立者柴田舘長が、国士舘精神である四徳目「誠意・勤労・見識・気魂」を掲げ、国を憂い真の国士養成をこころざし、文武両道教育をめざして創設していますので、寒稽古は剣道部の行事であり、大学の行事でした。剣道部以外の学生も必修科目として寒稽古に参加し、我々とともに汗を流しました。併設していた国士舘高校の生徒も寒稽古に参加し、精神を鍛えることに主眼をおいていました。

寒稽古の効用

年中行事として節目をつくるには最適な寒稽古

わたしは国士舘の寒稽古はもちろんですが、この時期は日本体育大、東洋水産剣道部の寒稽古に行くのが恒例となっています。日体大は寒稽古期間中、外部から講師を招いています。大野先生が必ず講師として一日は指導に行かれていましたので、わたしも助手となってからは鞄持ちとして稽古に参加させていただいていました。日体大の寒稽古は、学生はもちろんですが、指導者の先

寒稽古は節目の行事。節目があるから人間はがんばれる

生方も我々に稽古を求めます。指導者が教え子の前で稽古にかかる姿を見せることはあまりありません。その機会を積極的につくる日体大の先生方の考え方は素晴らしく、昨今の好成績はこのような取り組みもあると感じています。大野先生が亡くなられたあとは、わたしが講師として道場に立たせていただいていますが、気がつけば講師のなかでも古株になっており、「光陰矢の如し」を実感しています。

東洋水産剣道部は、剣道部創部（昭和四十三年）以来の交流となります。創業者の森和夫氏と、相良高校の恩師高井利雄先生との縁で、相良高校の後輩が東洋水産に就職しており、稽古に誘われるままに出かけ、楽しい汗を流していました。数年が経ち、全日本実業団剣道連盟に加盟する運びとなり、剣道部師範をさせていただき、四十年が過ぎました。国士舘の卒業生も就職していますが、かれらも定年退職する年齢となってきました。

東洋水産剣道部はあらためて紹介するまでもありませんが、関東実業団大会や全日本実業団大会で何度も頂点に立っている強豪です。学生大会で名を馳せた有名選手もたくさん入社し、主力選手として活躍しています。かれらは仕事を続けるなか、剣道も続けています。寒稽古は自社道場で六時半から七時半の一時間です。勤務前に道場に上がり、稽古を終えると急ぎ足で職場へと向かっていきます。

寒稽古は節目をつくるのに最適な行事です。節目があるからこそ人間は「がんばろう」と思えるものです。とくに社会人になると日々の業務に忙殺され、瞬く間に一年が経ってしまいます。そんななかで寒稽古に取り組むことができれば、また明日にむかって頑張っていこうという気力がわいてくるはずです。

国士舘大学基本動作①
大野操一郎先生が徹底した剣道の基礎

足さばき

八挙動で前後左右斜めの足遣いを反復練習させた

国士舘大学剣道部は、剣道指導者となる人材を育成することを目的にしていますが、基本動作の修得にもとくに時間を割いています。わたしが入学した昭和三十年代はまだ部員数が多くなかったことから足さばきや素振り、空間打突の稽古にもとくに時間を割いていました。

まず足さばきですが、八挙動（八歩）で一回とし、自在な足遣

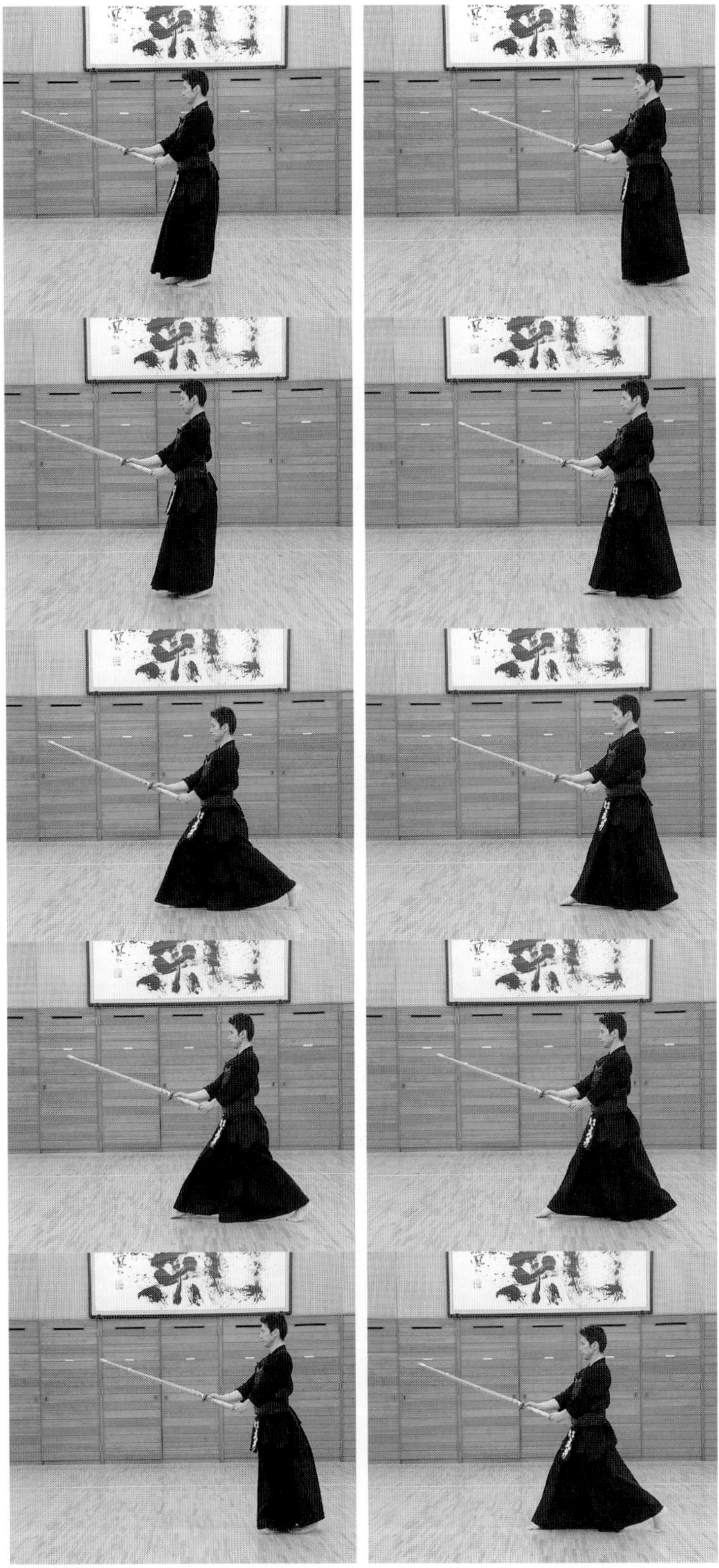

足さばきは八挙動で行ない、正確さを求めた。写真は前進前後の足さばき

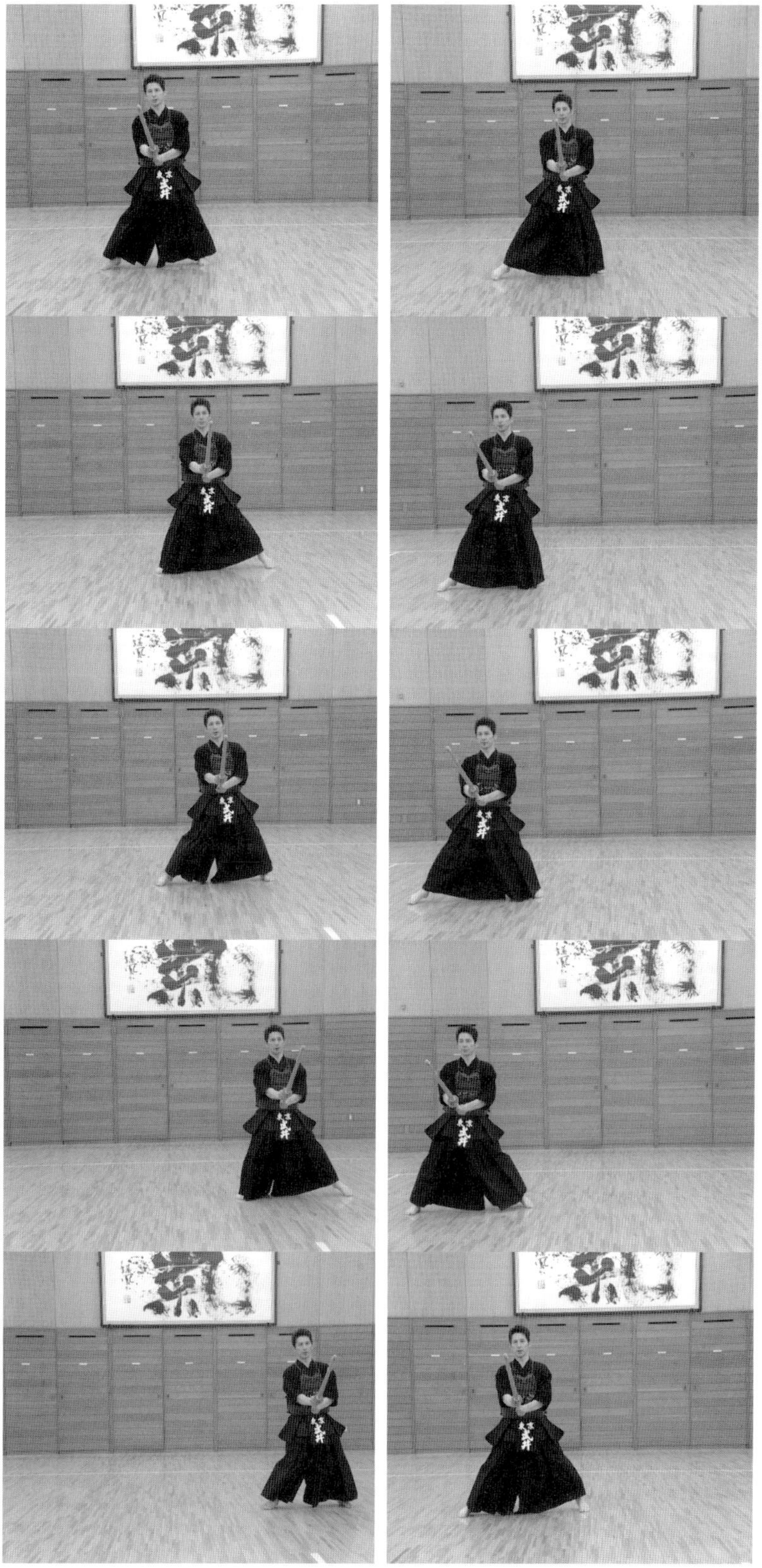

左右の足さばき

いを身につけることを目的にしていました。前後の足さばきであれば前進二歩、後退四歩、前進二歩で一回です。左右であれば右移動二歩、左移動四歩、右移動二歩です。

剣道の足さばきには、歩み足、送り足、継ぎ足、開き足の四種がありますが、もっとも大切なのが送り足です。送り足は前後・左右・斜めに速く移動するときや、一足一刀の間合から打突するときの足さばきです。この足さばきを身につけるために八挙動の足さばきを剣道部長であった大野操一郎先生は推奨し、我々に稽古させました。国士舘は指導者養成の専門大学であり、指導者となったとき正しい動作を自分自身で示範できなければなりません。

前進の送り足は現象面では右足が動いたのちに左足を引きつけていますが、左足を軸足として右足を押し出すようにしないと正しい重心移動を覚えることができません。この動作を「イチ、ニ、サン」の号令のもと八挙動で繰り返しました。

足さばきの稽古は前後の動きを繰り返して行なう方法もありますが、大野先生があえて八挙動にしたのには理由があります。八挙動をすべて正しい動作で行なうには足に相当な負荷がかかるからです。

前後の動きはまだしも左右のさばき、斜めのさばきとなると相当な負荷がかかります。この動作を正確にできるようになるまでには、ある程度修練を積み重ねなければなりません。

動作は前後左右を八歩繰り返すだけですからいたって単純ですが、正確な足さばきを身につけるには、この稽古法がもっとも効果的と大野先生は考えました。

上下振り、斜め振り

肩をつかって極限から極限まで大きく振る

素振りは上下振り、斜め振り、空間打突の三種があります。素振りの意義・目的は多々ありますが、とくに太刀と身体の一体的な遣い方を体得すること、打突につながる太刀筋を覚えること、打突の手の内を覚えること、足さばきを伴わせて打突の基礎を体

上下振り

得することなどが挙げられます。

上下振りは、右足を前に出しながら竹刀（木刀）を大きく振りかぶり、左足を右足に引きつけながら竹刀（木刀）を振り下ろし、左足を後ろにさげながら竹刀（木刀）を大きく振りかぶり、続いて右足を左足に引きつけながら竹刀（木刀）を振り下ろします。肩関節の可動範囲を拡げるために、竹刀（木刀）を背中につけることもあり、大野先生は「極限から極限まで肩と手首を使って大きく振ること」と説明していました。

これは素振りすべてに共通することですが、とくに上下振りは大きく移動するために姿勢が崩れやすくなります。また太刀を振り下ろしたときに左手の握りが上がる「抜け手」になりやすいので、「抜け手」にならないために、左手の握りは軽く内側に絞り下げながら下腹に納めるようにします。

斜め振りは、中段の構えから竹刀（木刀）を大きく振りかぶり、右斜め上から左斜め下の方向へ約四十五度の角度で振り下ろし、通ってきた太刀筋を戻りながらさらに大きく振りかぶって頭上で返し、左斜め上から前と同じ要領で右膝頭よりやや下、下段程度の高さまで振り下ろします。開き足を使って行なうときはとくに姿勢が崩れやすくなります。腰を中心に重心移動を行ない、目線を一定に、正確に行なうようにします。

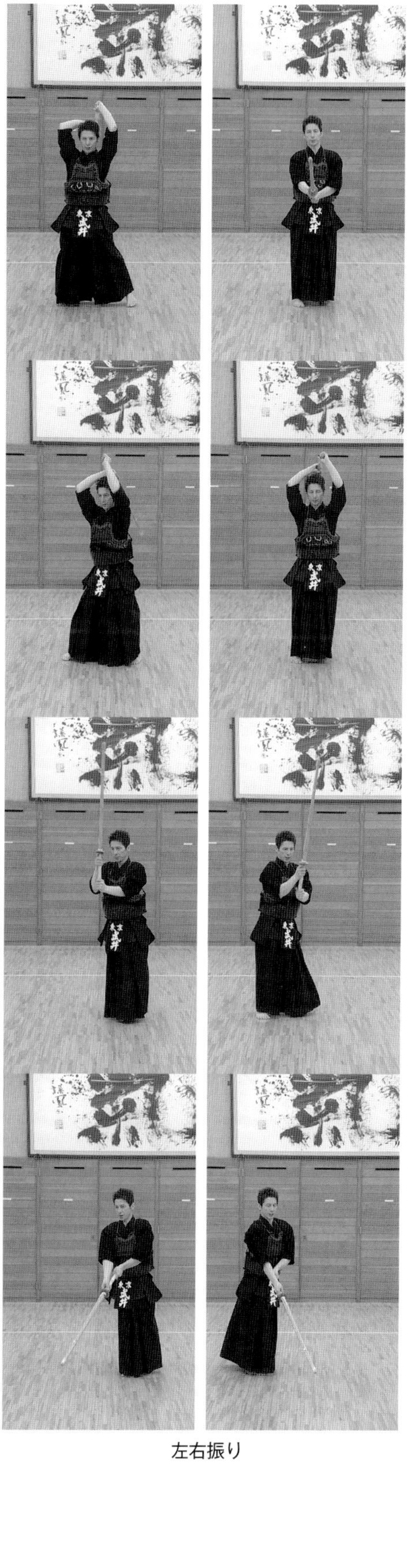

左右振り

空間打突

三挙動と一挙動で竹刀を振り、一拍子の技に展開していく

空間打突は相手の打突部位を想定し、この目標に対して竹刀（木刀）を打ち込んでいく方法です。上下振り、斜め振りから発展させ、実際の打突に結びつくように充実した気勢で発声し、手の内をしっかりと締めて繰り返します。

国士舘では空間打突を三挙動と一挙動の二種類行なっています。

まずは三挙動で正確に振ります。号令の「イチ」で竹刀を振りか

面の空間打突

小手の空間打突

ぶり、「ニ」で振り下ろし、「サン」で構えに戻ります。「イチ、ニ、サン」の掛け声で正確に振ります。最近は三挙動の空間打突はあまり行なっていませんが、正しい動作を身につけるには必要不可欠だと思います。この三挙動の空間打突ののち、一挙動の空間打突に移ります。国士舘では面打ち三挙動、小手打ち三挙動、胴打ち三挙動を行なったのちに面、小手、胴の一挙動を行ないました。

一挙動の空間打突は打突部位を呼称したのちに構えに戻るときに「イチ」と発声します。動作の流れで説明すると「メン、イチ」「メン、イチ」「メン、イチ」と繰り返していきます。三挙動と一挙動の動作そのものに違いはありません。発声を変えることで実戦にちかい一挙動の空間打突になります。

わたしの学生時代、大野先生の号令のもと三十分は足さばきと素振りに時間を割いていました。足さばきと素振りは剣道の土台をつくる上で必要不可欠なものですが、単純動作だけに正確に行

胴の空間打突

なおうとすればするほど苦しく負荷のかかる稽古になりました。

今回紹介した稽古法は道場に立たなくても実践可能です。空き時間を作って取り組むことをすすめたいと思います。

国士舘大学基本動作②
大野操一郎先生が求めた正しさと大強速軽

正しさを求める

基本稽古は正しい動作でできているかを確認する

切り返しや打ち込み稽古の要領は「大強速軽」と教えていますが、この言葉は高野佐三郎先生が東京高等師範学校でよく使われていたそうです。高野先生の弟子である剣道部長の大野操一郎先生もこの言葉を使って指導していましたが、さらに「正しく」ということを強調されていました。すなわち「正しく大きく、正しく強く、正しく速く、正しく軽やかに」です。「切り返しや打ち込み、掛かり稽古などすべて正しく大きく、正しく強く、正しく速く、正しく軽やかに行なうことができれば必ず強くなれる」と学生に指導されていた姿がいまも目に浮かびます。

国士舘の剣道場で指揮をとる大野操一郎先生

書道には楷書体、行書体、草書体があり、楷書から習い始めるのが一般的です。楷書体は、漢字の最も基本的な書体の一つだからで、一画一画を続けずに書きます。そこから続け書きをしている部分が多く見受けられる行書体、さらに早く書くことを目的にして開発された草書体へと移っていきます。大野先生は書道を例に挙げ、剣道の基本は楷書であることを強調していました。

国士舘では、剣道指導者をめざして入学する学生がほとんどです。彼らには高校時代の殻を破って指導者としての剣道を身につけさせなければなりません。

技は振りかぶって打つことが基本です。面は構えた腕から相手の面が見える位置まで振りかぶり、小手は相手の小手が見える位置までは振りかぶらなければなりません。

正確に大きく強く速く軽やかに打つにはどうしたらよいのかを常に意識して稽古をすることが大切です。大きくは竹刀の振りかぶりを意識すること。強くは力任せに打つのではなく、竹刀の軌道を意識して正しく竹刀を振り下ろすことで強度は上がります。速くも同じです。それが冴えのある軽やかな打ちになるのです。大きな技を打つことを覚えれば、小さく打つことは自然に身につきます。

わたしは現在も時間をつくって打ち込み稽古を行なっています。七十歳をとうに過ぎましたが、なかなか納得のいく打ちはできないものとつくづく思います。

左右の力は均等

竹刀操作は打突部位をとらえるまでは引き切り

剣道は左手・左腰・左足が重要であり、そのことは間違いありません。「左手が動いたときは心が動いたとき」「左腰が抜けると正しい打ちができない」など左半身に関する教えはたくさんあります。打突も左手を中心に行なうことは大切ですが、実際は左右の力を均等にして行なうことが重要です。竹刀を振ってみると実感できると思うのですが、どちらに力が偏っても軌道が外れてしまいます。左右の力を均等にして竹刀を振りかぶり、振り下ろします。そして打突部位をとらえるまでは腕を伸ばさないことです。わたしは「打突部位をとらえるまでは引き切り」と表現しています。

打突部位をとらえる前に腕を伸ばしすぎると左手が右手より上がってしまう「抜け手」になりやすくなります。腕を伸ばすのは打突部位をとらえた直後です。面を打つときは竹刀で相手の眉間を狙うような気持ちで竹刀を振り下ろすと手の内が締まります。

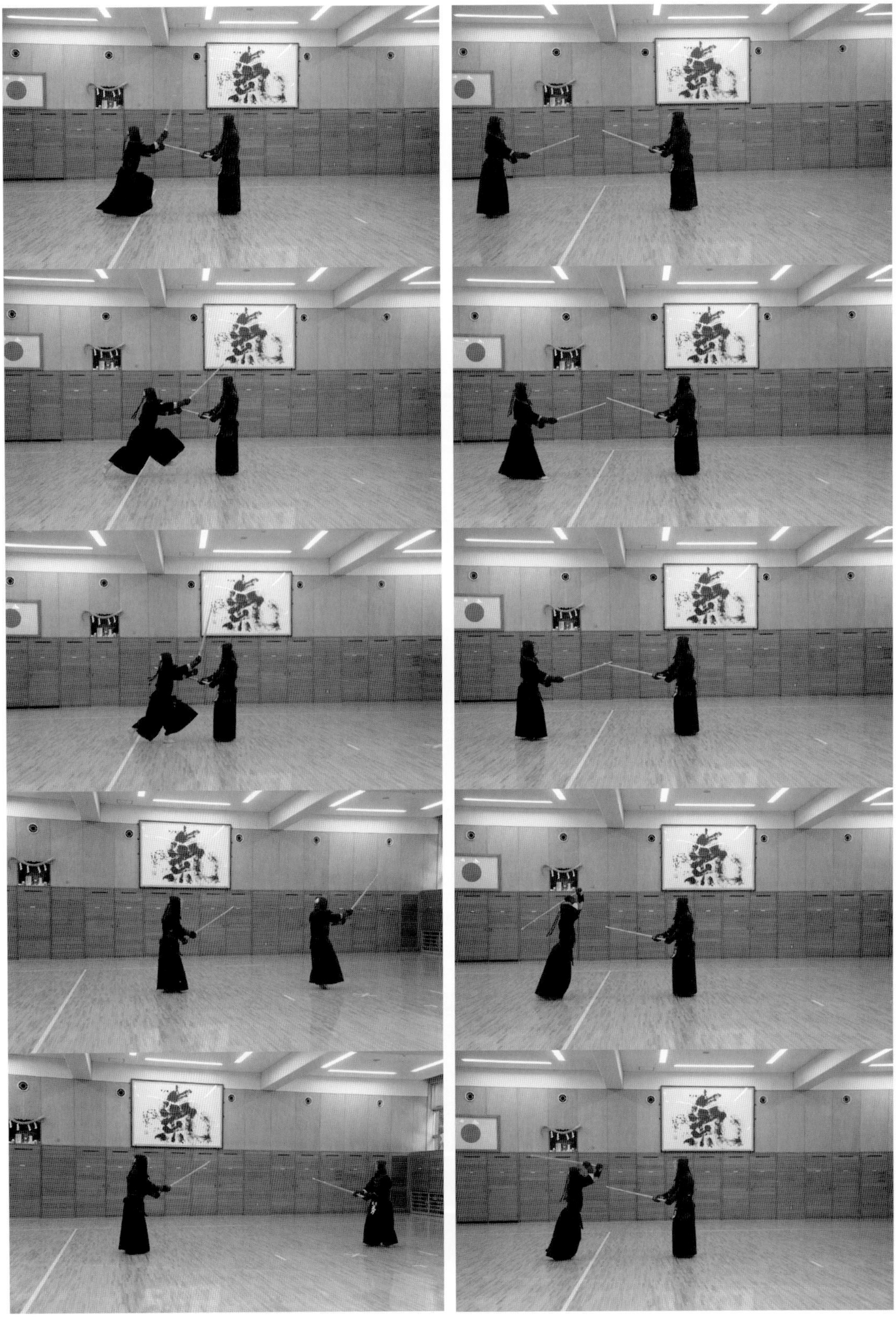

面打ち

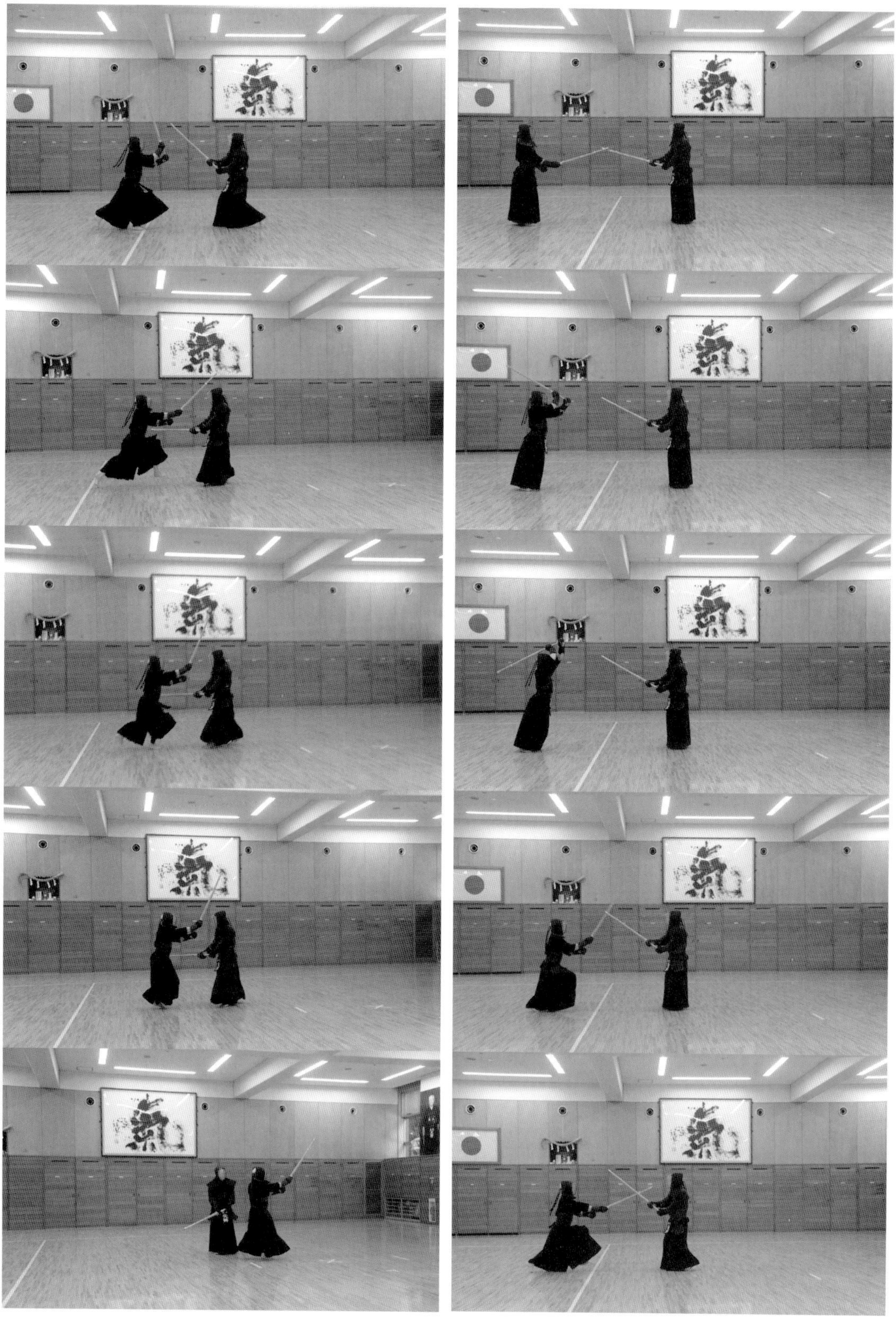

小手面打ち

また小手面などの連続打ちは足腰の強化に最適です。体勢を崩さないことを最重要課題として足腰を中心に打つようにします。わたしは小手面面の連続打ちがもっとも足腰を鍛えることができると考え、指導しています。

打ち込み稽古を行なうときは自分が最高と思える構えをつくることです。そこから第一声に魂を込めるような気持ちで声を出し、心身を充実させます。打ち込み稽古は打突の精度を上げるものですが、それが本番での冴えのある一本につながります。

打つ前は左足に重心を乗せ、右足は浮いた状態をつくります。この状態を常につくれば移動がスムーズになり、重心がぶれません。いわゆる腰始動の打突です。下半身にためができているので、打ったときに動きに鋭さがあります。この動作は、腰始動で身体が動くので打突の直前までどこを打つのか相手にわかりにくい効果があります。

切り返し
数を重ねても正確に左右面を打つことが重要

切り返しは正面打ちと連続左右面打ちを組み合わせた稽古法で、基本動作を総合的に修得する稽古法です。切り返しの左右面は前進四本、後退五本を基本としていますが、国士舘では鍛錬期には三十本切り返し、五十本切り返し、百本切り返しと数をかけて取り組むようにしています。数が上がれば負荷も大きくかかるのでとても辛く、苦しいものです。しかし、数を重ねても「大強速軽」の教えを守り、正確に行なうことが重要です。

切り返しには姿勢や構え、間合、足さばき、竹刀操作、手の内の使い方、呼吸法など剣道の重要な要素がすべて学べます。国士舘の稽古は切り返し、打ち込みを重点的に行なうのはそのためです。打ちの強さが見違えるようになります。大きく、強く、速く、軽やかに行なうには数をかけて稽古するしかありません。しかし、数をかけることよりも大事なのは正確に行なうことです。

切り返しを行なうことで手の内が格段によくなります。手の内で強烈な印象に残っているのは宮城の乳井義博先生です。乳井先生は高野先生の修道学院で剣道を学ばれました。東北の名門小牛田農林高校でながく指導にあたり、床と水平に左右面を打つ「水平切り」と呼ばれる切り返しを考案した方です。乳井先生の水平切りを見せていただきましたが、手の内の鋭さに驚くばかりでした。

切り返し

元立ち

懸かり手の気力を引き出す元立ちができるか

ここであえて強調する必要もないかもしれませんが、打ち込み、切り返しなどの基本稽古は元立ちが重要です。わたしは大学卒業後、国士舘の助手となりましたが、大野先生が指揮をとったときは面を着けて学生たちの切り返しや打ち込み、掛かり稽古を受けました。切り返しや打ち込み、掛かり稽古は指導者が受けたほうが掛かり手は伸びます。同格で行なうとどうしても気持ちが抜け

元立ちは懸かり手の気力を引き出すことが必要不可欠

てしまうものです。

元立ちは掛かり手の気力を引き出すために合気となることが大事です。打ち込み稽古では掛かり手の兆しを察知して打たせる部位を最小限に空けて打たせることで充実した稽古となります。一本打ちの面が中心になりますが、他の部位も打たせて総合的な技能を高めるようにします。

切り返しは左右面が加わりますが、掛かり手との間合に気を配り、竹刀がこめかみの部分にくるように打たせることが重要です。竹刀で受けるときは引き込む受け方と打ち落とす受け方の二種類があります。

引き込む受け方は、掛かり手の打ちを素直に伸ばすことがねらいで、とくに初心者の打ちを受ける場合に用いられる方法です。掛かり手の竹刀を自分の方に引き込むようにして受けます。また、打ち落とす受け方は、打つ瞬間の手の内や、打ち落とされることによる脱力と上肢の遣い方などを修得させるねらいがあります。受けるときに竹刀を斜め前方に出しながら相手の竹刀を打ち落とすように受けます。

掛かり稽古は、元立ちに対して短時間に気力を充実させ体力の続く限り全身を使って打ち込む稽古法です。元立ちは掛かり手以上の気迫をもって相対し、間合や打突の機会に十分注意します。

学生時代、剣道部師範の小野十生先生は掛かり稽古になると竹刀を滑らせるように受けました。「柳に風」のような状況で、本当に苦しい稽古で小野先生に吸い込まれていくようでした。

また、斎村五郎先生の竹刀はある一点のみがへこんでいたそうです。おそらく切り返しを受ける位置が一緒だったのでしょう。国士舘専門学校の先輩からお聞きした名人談です。

元立ちが打ち込み稽古や切り返し、掛かり稽古をしっかり受けることができれば、これらの稽古は長時間行なう必要はありません。短時間でも効果的な稽古になります。

矢野博志
やの・ひろし／昭和16年静岡県生まれ。相良高校から国士舘大学に進み、卒業後、同大学に助手として勤務する。昭和61年より同大学教授となり、平成23年に退職する。主な戦績として世界選手権大会2位、明治村剣道大会3位、沖縄県立武道館落成記念全国剣道八段大会3位、全国教職員大会優勝などがある。剣道範士八段。

初出
剣道時代2014年7月号～2015年6月号（上巻）
剣道時代2015年7月号～2016年6月号（下巻）

剣道《けんどう》「先師《せんし》からの伝言《でんごん》」 上巻

発　行──平成29年11月3日　初版第1刷発行
著　者──矢野博志
発行者──橋本雄一
組　版──株式会社石山組版所
撮　影──徳江正之、西口邦彦
編　集──株式会社小林事務所
発行所──株式会社体育とスポーツ出版社
〒101-0054 東京都千代田区神田錦町1-13 宝栄錦町ビル3F
TEL 03-3291-0911
FAX 03-3293-7750
http://www.taiiku-sports.co.jp
印刷所──株式会社ダイトー

ISBN978-4-88458-411-5　C3075　Printed in Japan